中小企業経営の切り札

データ経営大全

株式会社ココエ 代表取締役社長
近藤恵子
KEIKO KONDO

明治大学 特任講師
崎濱栄治
EIJI SAKIHAMA

CROSSMEDIA PUBLISHING

第1章
DXで未来を創る中小企業のためのデータ活用ガイド！

01 データ分析超入門 DXで中小企業をアップデート 10
02 デジタル時代の羅針盤 データで経営を可視化する 14
03 スモールビジネスのDX DXで中小企業をアップデート 18
04 データ分析リテラシー DXで中小企業をアップデート 22
05 成功と失敗は紙一重？ DXの勝敗を分けるポイントとは！ 26

第2章
中小企業における生成AIの使いどころ

01 顧客リスト作成、ターゲット顧客の選定、営業メール作成を自動化する 32
02 応募書類の選考、面接日程調整、候補者への連絡などを自動化する 36

03 データ入力、請求書処理、議事録作成など、事務作業を自動化する 40
04 議事録作成もお任せ！ 生成ＡＩで効率アップ！ 44
05 ＡＩ活用にも責任を！ 便利さだけでなく倫理も考えたＡＩ活用を！ 48

第3章 眠れる顧客データを起こせ！ データ分析でビジネスチャンスを掴む！

01 顧客心理を読み解く データで顧客体験を最適化 ＣＸ（カスタマーエクスペリエンス） 54
02 顧客の声を聞く データから顧客ニーズを深掘り（ＶＯＣ分析） 58
03 ロイヤルカスタマーを育てる ＬＴＶ向上のためのデータ戦略 62
04 顧客インサイトを探る データでペルソナを明確化 66
05 顧客エンゲージメントを高める データドリブン・マーケティング 70

第4章

中小企業でも始められる導入術 データドリブンマーケティングの第一歩

01 データドリブンマーケティングとは？ 76
02 デジタルマーケティングとデータドリブンマーケティングの違いは？ 80
03 データドリブンマーケティングを始める3つのステップ 84
04 データドリブンマーケティングを中小企業で運用するには？ 90
05 データドリブンマーケティングを運用する組織構築 94
06 データドリブンマーケティングを支える社内文化の醸成 100

第5章

顧客はなぜ動く？ 消費者行動論を活かした経営戦略

01 顧客はなぜ動く？ 「消費者行動論」を活かした経営戦略 108

02 買い物は楽しさ？ それとも実用性？ 顧客の心をつかむ消費志向とは？ 112
03 顧客の期待を超えるには？ 「期待不一致モデル」で満足度アップ！ 116
04 情報が多すぎる！ 顧客に寄り添う「情報過負荷」対策 120
05 候補リストに入るには？ 考慮集合と選択集合で顧客の選択肢に残る方法 124
06 計画的？ 衝動的？ 売上アップの鍵は『計画購買と非計画購買』の理解 128

第6章 社員のやる気を引き起こす！ エンゲージメントとモチベーション向上戦略

01 せっかく手間暇かけて採用した社員が辞めないようにするにはどうしたらいいですか？ 134
02 ワークモチベーションって何？ 138
03 従業員エンゲージメントって何？ 142
04 コミュニケーションを活性化する 風通しのよい職場環境を作る 146

第7章

採用したい・労働環境・離職率を下げたい

01 優秀な人を採用したが何か合わない 152
02 適切な残業時間は? 156
03 残業時間は離職率に影響するのか? 160
04 再現性をもって自社で活躍してもらえる人を採用したい 164

第8章

データで人事を変革 データドリブン人事戦略入門

01 社員のエンゲージメントを高めるためにどのようなデータをためるべきか? 170
02 従業員満足度調査データの収集頻度は? 174

03 人事で蓄積すべきデータの優先順位を教えてください 178
04 データドリブン人事 データを活用した戦略的人材マネジメント 182

第9章 人的資本経営の未来 テクノロジーと人材戦略

01 多様な人材を活用する ダイバーシティ&インクルージョン推進の重要性 188
02 社員の成長を支援する 効果的な研修制度とキャリアパスの設計 192
03 人的資本経営の未来 テクノロジーと変革 196
04 テクノロジーで社員の幸せを！ ウェルビーイング経営のススメ 200

あとがき 204

付録

ChatGPTの重要な活用ポイント 208

ChatGPT活用術
オンライン会議の文字起こしとメールから提案資料のたたき台を作る 214

装丁 クロスメディア・パブリッシング
イラスト ピクスタ
DTP 安井智弘

第1章

DXで未来を創る
中小企業のためのデータ活用ガイド！

01

データ分析超入門

DXで中小企業をアップデート

近藤　デジタルトランスフォーメーション（DX）ってよく聞くけど、うちみたいな中小企業でもデータ分析で何か変わるんですか？

先生　データ分析を使えば、業務改善や売上アップにつながるチャンスがありますよ。

近藤　でも、データ分析って難しそうですし、どこから始めればいいのかわかりません…。

＊　＊　＊

デジタルトランスフォーメーション（DX）は、大企業だけでなく中小企業でも大きな効果を発揮します。データ分析を活用することで、業務効率の改善や売上向上、意思決定の迅速化が実現でき、企業競争力の強化につながります。ここでは、初めてデータ分析に取り組む中小企業が具体的にDXをどう進めるかを解説します。

データ分析とDXの基礎

データ分析とは、企業が日々蓄積している売上、在庫、顧客データなどをもとに、意思決定や業務改善を支援する手法です。以下がデータ分析の主なメリットです。

- **意思決定の迅速化：**データに基づく判断は、直感に頼るよりも効果的で、より確実です。
- **業務効率の向上：**業務の流れや顧客行動を分析することで、効率化を図れます。
- **売上の向上：**顧客の購買パターンを把握することで、販売戦略を最適化でき、売上アップが期待できます。

中小企業がＤＸを進めるためのステップ

1．小さく始める

概要　ＤＸは最初から大規模に取り組む必要はありません。身近なデータを整理し、そこから少しずつ分析を始めることで効果を実感できます。

実践方法　ＥｘｃｅｌやＧｏｏｇｌｅスプレッドシートを使い、売上や在庫データを整理してグラフ化するだけでもビジネスの傾向が見えてきます。

2．データの可視化を重視

概要　データをグラフやチャートで「見える化」することで、現状の問題点が分かります。

実践方法　売上推移や在庫の動向をグラフにし、月次や週次で確認することから始めましょう。シンプルなツールでも効果を発揮します。

3. 顧客データの活用

概要 顧客の購入履歴や行動データを分析することで効果的なマーケティング施策が可能。

実践方法 リピーター向けキャンペーンを実施するなど、具体的な施策を立てます。

4. クラウドツールの導入

概要 クラウドツールを活用すれば、どこからでもデータを管理・共有できます。リアルタイムでデータを活用することで、業務がスムーズに進みます。

実践方法 ＧｏｏｇｌｅドライブやＤｒｏｐｂｏｘを使って社内でデータを共有し、最新情報をもとにしたチームでの意思決定ができる環境を整えましょう。

ＤＸがもたらす効果

- **経営判断の質の向上**：データに基づく判断により、経営の質が向上しリスクが減ります。的確な判断が可能になり、成長機会を逃しません。
- **業務の効率化**：データ分析を通じて業務プロセスを改善し、コスト削減や無駄の排除が進みます。とくに在庫管理や生産計画の最適化に役立ちます。
- **売上の拡大**：顧客データを活用し、効果的なプロモーションを行うことで、顧客ニーズに応じた商品提案が可能になり、売上アップが期待できます。

成功のポイント

- **小さな成功を積み重ねる：**最初は小さな取り組みから始め、成果を確認しながら徐々にスケールアップすることが重要です。
- **外部の専門家を活用：**データ分析に不慣れな場合は、専門家の助けを借りることで短期間で成果を出せることもあります。

まとめ

DXによるデータドリブン経営は、中小企業にも大きな可能性があります。最初は身近なデータから始め、徐々にツールや分析を活用することで、経営の改善が実感できるようになります。

近藤 意外と簡単に始められるんですね。まずは手持ちのデータからやってみます。

先生 最初の一歩を踏み出すことで、DXの効果をしっかり感じられるようになりますよ！

02

デジタル時代の羅針盤

データで経営を可視化する

近藤　デジタル時代に経営をもっと効率化したいんですが、何から始めればよいでしょうか?

先生　まず、経営の「可視化」から始めましょう。データで現状を把握すれば、課題が見え、改善策を考えやすくなりますよ。

近藤　データの可視化って難しそうですね…。

＊　＊　＊

データを使って経営を可視化することは、デジタル時代の経営に不可欠です。売上やコストなどのデータを視覚的に整理・分析することで、問題点や改善すべき部分が明確になり、迅速な意思決定が可能になります。ここでは、経営の可視化のメリットと、実践するための方法を紹介します。

経営の可視化のメリット

1．迅速な意思決定

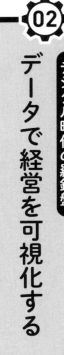

概要 データをグラフやチャートで視覚化することで、経営状況を瞬時に把握でき、迅速な意思決定が可能になります。

実例 売上データを定期的に確認することで、どの製品が好調か、どこに改善が必要かが一目でわかり、素早く対応策を立てることができます。

2. 問題の早期発見

概要 データに基づく可視化により、隠れた問題やリスクを早期に発見でき、適切な対応がとれます。

実例 在庫データを可視化することで、売れ残りや過剰在庫が一目でわかり、仕入れや生産計画の見直しがしやすくなります。

3. チーム間の共通認識

概要 可視化されたデータは、全員が同じ状況を共有できるため、社内コミュニケーションが円滑になり、目標達成に向けた一致団結がしやすくなります。

経営の可視化を進めるステップ

1. 重要なデータの選定

概要 すべてのデータを追うのではなく、経営に直結する売上やコスト、在庫など、最も重要な指標に絞り込んで分析を進めます。

実践方法 売上推移やコスト構造のデータを整理し、主要指標をグラフやチャートで表現します。これにより、重要な指標が一目でわかるようになります。

2. ツールの活用

概要 ExcelやGoogleスプレッドシートなど、手軽なツールで始められます。簡単なグラフ作成機能を使うだけで、データの可視化が可能です。

実践方法 売上やコストのデータを定期的にアップデートし、経営状況をリアルタイムで確認できるようにしましょう。

3. 定期的な見直しと改善

概要 可視化されたデータをもとに、週次や月次で経営状況をレビューし、改善点を見つけ、次のアクションにつなげます。これにより、持続的な改善が可能になります。

成功のためのポイント

1. シンプルさを重視

複雑なデータを扱うと混乱しやすいので、最も重要な指標に絞り込んで簡単に見える化しましょう。

2. 全社員でデータを共有

経営データを全社員が共有できるようにし、全員が同じ方向を向いて取り組める環境を整えることが大切です。共通認識を持つことで、より効果的な改善が進みます。

まとめ

経営の可視化は、迅速な意思決定を可能にし、課題解決や業務改善のヒントを得るために不可欠です。最初はシンプルなデータから始め、徐々に可視化の範囲を広げていくことで、組織全体の効率化と成長につながります。

近藤先生

データの見える化が経営に役立つんですね。まずは売上データから始めてみます。できるだけ過去に遡って日次、週次、月次など時間軸を変更することで考えるヒントが得られるかもしれません。データを活用して、しっかりと経営の羅針盤を作りましょう。

03

スモールビジネスのＤＸ

ＤＸで中小企業をアップデート

近藤 スモールビジネスでもＤＸって必要なんでしょうか？

先生 スモールビジネスでもデータを活用すれば、業務効率化や売上アップが期待できますよ。

近藤 でも、具体的にどうやってデータを活用すればいいんでしょう？

＊　＊　＊

スモールビジネスでもＤＸを活用することで、業務の効率化や売上向上、新たなビジネスチャンスを生むことができます。ここでは、スモールビジネスがＤＸを進めるためのステップとそのメリットについて解説します。

スモールビジネスにおけるＤＸの重要性

1．迅速な意思決定

概要 ＤＸによってデータをリアルタイムで把握できるため、感覚に頼らない迅速かつ科学的な判断が可能です。これにより、無駄を削減し、効率的な経営が実現します。

例 売れ筋商品に注力し、適切な在庫管理が可能になります。

2. 業務効率の向上

概要 デジタルツールを活用して業務を自動化することで、業務効率を向上させ、人手によるミスも減らせます。結果として、社員はより重要な業務に集中できます。

例 クラウド会計ソフトや在庫管理ツールを導入することで、手作業による業務の負担が軽減され、時間とコストの削減が期待できます。

3. 顧客対応の向上

概要 顧客ごとにパーソナライズされた対応が可能になり、顧客満足度が向上。

例 購入履歴をもとに、顧客に特別オファーを送るなど、リピーター施策を実施。

スモールビジネスがDXを進めるためのステップ

1. データの可視化

概要 自社のデータを整理し、売上や顧客情報を視覚化して現状を把握します。

実践方法 ＥｘｃｅｌやＧｏｏｇｌｅスプレッドシートを使って売上推移や顧客の傾向をグラフ化し、どこに改善の余地があるのかを確認します。

2. デジタルツールの導入

概要 クラウド会計ソフトやＣＲＭ（顧客管理システム）など、スモールビジネス向けの手頃なツールを導入して業務の効率化を図ります。

実践方法 クラウドソフトで会計管理や在庫管理を自動化し、作業効率を高めましょう。

3. 顧客データの活用

概要 顧客を分析し、顧客ごとにパーソナライズされたプロモーションを実施。

実践方法 ＣＲＭシステムで顧客データを一元管理し、リピーター向けの特別なキャンペーンを実施して売上を増やします。

4. データ分析と改善

概要 定期的にデータを分析・評価し、次の施策に活かします。

実践方法 売上データを週次や月次でレビューし、キャンペーンの成功を評価して改善。

スモールビジネスにおけるＤＸのメリット

1. 競争力の強化

ＤＸを導入することで、競争の激しい市場でも他社との差別化が図れます。データに基づいたサービス提供で顧客満足度も向上し、競争力が高まります。

2. コスト削減

デジタルツールの活用による業務の効率化で、コスト削減が実現します。自動化により、手作業のミスが減り、管理コストも削減できます。

3. 新たなビジネスチャンスの創出

データ分析により、これまで気づかなかったビジネスチャンスが見つかる可能性があります。新たな顧客層の発掘や製品開発のヒントがデータから得られます。

まとめ

スモールビジネスにおけるDXは、業務の効率化や売上の向上だけでなく、将来的な成長につながる重要な取り組みです。小さなステップから始めましょう。

近藤　なるほど、まずはデータ整理から始めます！

先生　そうですね！　ファイル名のルール化、ファイルの保存方法など属人化しやすいポイントについて、社内の共通理解を進め、小さな変化から大きな未来を創りましょう。

04

データ分析リテラシー

DXで中小企業をアップデート

近藤　「AI時代にはデータ分析が大事」ですが、どれくらい理解すればいいんでしょうか？

先生　始めは、基本的なデータの読み方や活用法を知るだけでも、OKです。

近藤　でも、専門家じゃないし、どこから始めればいいんでしょう？

＊　＊　＊

データ分析リテラシーとは、データを理解し、分析して問題解決や意思決定に役立てる能力のことです。ＡＩが普及する中、データを活用するスキルはますます重要になっています。ここでは、データ分析リテラシーの重要性と、それを身につけるためのステップを解説します。

なぜデータ分析リテラシーが必要なのか？

1．意思決定の質を向上させる

概要　データに基づいた意思決定は、感覚に頼った判断よりも正確で確実です。データ分析リテラシーがあれば、事実に基づく判断ができ、経営や業務の成功率を高められます。

例 売上データを分析し、どの製品が売れ筋か、どのプロモーションが効果的かを把握して、次の施策をより効果的に計画できます。

2. 生産性と効率の向上

概要 データを活用して無駄を省き、業務効率を向上させることが可能です。業務プロセスをデータで評価することで、ボトルネックを発見し、改善点を見つけやすくなります。

例 在庫データを分析し、最適な仕入れ量を予測して、在庫過多や欠品を防ぐことで、コスト削減が実現します。

3. AI活用のための基礎知識

概要 AIの時代には、データを適切に扱う能力が必須です。データ分析リテラシーがあると、AIツールの出力を正確に理解し、意思決定に活かせます。

例 AIが提供するデータ分析結果を正しく解釈し、戦略の見直し施策の立案が可能。

データ分析リテラシーを身につけるためのステップ

1. 基本的な統計の理解

概要 データ分析リテラシーの基礎として、平均値や中央値、標準偏差などの基本的な統計を理解することが大切です。これにより、データの傾向が読み取りやすくなります。

実践方法 ＥｘｃｅｌやＧｏｏｇｌｅスプレッドシートを使って、売上データを整理し、平均値や変動を計算してみましょう。対話型の生成ＡＩに質問するのもよいアイデアです。

2. データの可視化

概要 データをグラフやチャートで視覚的に表現することで、傾向や問題点を理解できます。

実践方法 売上や在庫データを折れ線グラフや棒グラフにして、どの時期に売上が伸びたか、どの製品が好調かを確認します。

3. 分析ツールの利用

概要 データ分析の基礎を学んだ後、Ｐｏｗｅｒ ＢＩやＧｏｏｇｌｅデータスタジオなどの分析ツールを使えば、さらに高度な分析が可能です。

実践方法 ツールを使ってデータをリアルタイムで更新し、ダッシュボードで分析結果を確認する習慣をつけましょう。

4. 実際にデータを使った意思決定

概要 データ分析リテラシーを向上させるには、日々の業務でデータを使って意思決定を行う経験が重要です。

実践方法 売上データや顧客データをもとに次のキャンペーンターゲットを決めたり、在庫を調整したりして、実践的にデータを活用しましょう。

データ分析リテラシーのメリット

1. 業務の効率化

データ分析を使えば業務の改善点が見えやすくなり、効率化が進みます。無駄を省くことで、コスト削減や時間の節約が可能になります。

2. 競争力の向上

データを活用した迅速かつ正確な意思決定ができる。

まとめ

データ分析リテラシーはAI時代に欠かせないスキルです。基本的な統計やデータの可視化を学び、ツールを使いこなせるようにしておきましょう。

近藤　データ分析って、もっと難しいと思っていましたが、基本から少しずつ学べばいいんですね。早速取り組んでみます。

先生　今は学ぶ方法の選択肢が豊富な素晴らしい時代です。例えば、YouTubeで「Exploratory ユーザー会」と検索するとデータ分析の具体的な事例が学べますよ！

05

成功と失敗は紙一重？DXの勝敗を分けるポイントとは！

近藤　**DXに挑戦しようと思っているのですが、実際に成功するか不安で…。どんな成功例や失敗例があるのでしょうか？**

先生　**いい質問ですね。DXの成否は導入の仕方にかかっています。具体例を見ていくと、成功のポイントと失敗の原因が分かりやすいですよ！**

＊　＊　＊

ＤＸは、単にＩＴツールを導入するだけではなく、業務や文化を根本から変えるものです。とくに中小企業では限られたリソースで効率を最大化する必要があるため、成功事例から学ぶことが大切です。同時に失敗例を知り、同じ過ちを繰り返さないようにすることも重要です。ここでは、ＤＸの成功例と失敗例をもとに、中小企業が取り組むべきポイントを解説します。

DXの成功例

1．顧客管理のデジタル化でリピート率が向上

概要 ある中小企業では、CRM（顧客管理システム）を導入し、顧客データを一元管理することで、顧客対応の質を大幅に向上させました。これにより、リピート率が向上し、売上が安定しました。

ポイント 顧客の行動や嗜好をデータで把握し、パーソナライズされた対応が可能になったことで、顧客満足度が上がり、結果としてリピーターが増えました。

2．在庫管理の自動化でコスト削減

概要 在庫管理システムを導入し、在庫の過不足をリアルタイムで把握することで、無駄な仕入れを減らしました。これにより、在庫コストの削減と効率的な発注が実現しました。

ポイント データに基づいた発注が可能になり、過剰在庫や欠品のリスクが減少。結果的にコスト削減と顧客満足度の向上につながりました。

3．リモートワーク導入で人材確保に成功

概要 コロナ禍での急速なリモートワーク対応をきっかけに、働き方を見直し、リモート環境を整備。これにより、遠方の優秀な人材を採用できるようになりました。

ポイント　DXが進んだことで、物理的な制約が減り、多様な働き方が実現。柔軟な対応が人材確保に寄与しました。

DXの失敗例

1. 高価なツール導入が予算を圧迫

概要　DXのために高機能なソフトウェアを導入しましたが、必要以上にコストがかかり、結果として他の重要な投資ができなくなりました。

教訓　必要以上の投資は避け、実際の業務に必要な機能を絞ったツール選びが重要です。導入前にコスト対効果をしっかり検討しましょう。

2. 従業員の反発でシステムが定着せず

概要　新しいシステムを導入したものの、従業員の理解やスキルアップが不十分だったため、反発が生じ、活用が進みませんでした。

教訓　DXの成功には従業員の協力が不可欠です。導入前にトレーニングを実施し、従業員の理解と協力を得ることが大切です。

3. 目的が不明確で効果が出ず

概要　DXを導入したものの、具体的な目標が定まっていなかったため、何を達成するための取り組みかが曖昧でした。結果として効果が見られず、プロジェクトが中断しました。

教訓 DXには明確な目的と目標が必要です。改善すべき点や達成したい成果を明確にし、そのためのDX戦略を練ることが重要です。

まとめ

DXは、成功すれば効率化や売上向上に大きく寄与しますが、準備不足や明確なビジョンがないまま進めると、失敗のリスクが高まります。まずは小さな成功体験を積み重ねながら、適切なツールの選定、従業員のサポート、そして明確な目標設定を徹底することが重要です。

近藤 なるほど、失敗しないためには準備と目的の明確化が鍵なんですね。

先生 まずはスモールスタートで進めて、成功体験を積み重ねていきましょう！

第2章

中小企業における生成AIの使いどころ

01 顧客リスト作成、ターゲット顧客の選定、営業メール作成を自動化する

近藤 営業活動でも生成ＡＩで顧客リストの作成やターゲット顧客の選定、営業メールの自動作成までできるとしたら、とても便利ですよね。

先生 何かやりたい！ といった目的をもった人を強力に手助けしてくれます。時間と手間がかかる作業を自動化することで、営業チームはもっと効果的な活動に集中できますよ。

近藤 それは素晴らしいですね。具体的にどのように使うのでしょうか？

＊　＊　＊

生成ＡＩは、顧客データの分析から、営業メールの作成までを自動化し、営業活動を大幅に効率化します。ここでは、生成ＡＩがどのように営業プロセスをサポートするか、その具体的なステップとメリットを説明します。

生成ＡＩを活用した営業プロセスの自動化

1．顧客リストの作成

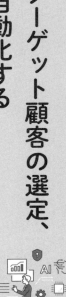

概要 生成ＡＩは、企業の顧客データベースや外部の公開データを活用して、顧客リストを自動的に作成できます。これにより、新規顧客や見込み顧客のリストを効率的に構築。

例 ＡＩが業種、規模、地域、購買履歴などの情報をもとに、最も価値のある顧客を優先的にリスト化し、営業担当者がアプローチしやすいように整理します。

2. ターゲット顧客の選定

概要 ＡＩが過去の顧客データや取引履歴を分析し、購買意欲が高い顧客やリピーターになりやすい顧客を選定します。これにより、営業チームはアプローチすべき顧客に絞って営業活動を展開でき、効率が高まります。

例 ＡＩが過去の購入履歴や業界動向を分析し、次に購入が見込まれる顧客を優先的にリストアップし、見込みの高い顧客に集中して営業活動を行います。

3. 営業メールの自動作成

概要 生成ＡＩは、ターゲット顧客ごとに最適な営業メールを自動で作成できます。ＡＩが顧客のニーズや関心に合わせたメールの内容を生成するため、個別対応のようなきめ細かいアプローチが可能です。

例 顧客が以前に興味を示した製品やサービスをもとに、適切な営業メールを作成。ＡＩが文面やトーンを顧客ごとに調整し、よりパーソナライズされたメッセージが送信できます。

生成AIを活用するメリット

1．時間の節約

人手では時間のかかる顧客リストの作成やターゲット顧客の選定が自動化されます。見込みの高い顧客をリスト化するプロセスが短縮され、営業の初期段階が迅速に進みます。

2．パーソナライズの強化

AIが顧客ごとの情報を分析して最適なアプローチを行うため、顧客にとって価値のあるメッセージを届けることができます。

3．営業チームの生産性向上

生成AIを活用することで、営業担当者がルーチン作業に費やす時間が削減され、戦略的な活動に集中できるようになります。さらに、営業メールの自動化により、リードナーチャリングがスムーズに行われ、商談成立までのスピードが向上します。

導入に向けた課題と対策

1．データプライバシーの保護

顧客データの扱いには慎重さが求められます。適切なデータセキュリティ対策を講じ、顧客のプライバシーを守ることが重要です。

2. 生成AIの精度向上

AIの生成する内容が顧客に適切であるかをチェックするために、一定の監視が必要です。営業担当者がAIの出力内容を確認し、修正を加えることで、質の高い顧客対応を実現。

まとめ

生成AIを活用することで、営業活動の多くが効率化され、顧客リスト作成からターゲット顧客の選定、営業メールの作成まで一連のプロセスが自動化されます。これにより、営業チームは戦略的な活動に集中しやすくなり、成約率向上が期待されます。

近藤
生成AIがここまで営業活動を支援してくれるとは驚きです。導入を検討したいです。

先生
生成AIへの指示（プロンプト）の書き方は、様々な良書が出版されています。参考にしながら進めましょう！

02 応募書類の選考、面接日程調整、候補者への連絡などを自動化する

近藤 応募書類の選考や面接の日程調整、候補者への連絡まで自動化できるって本当ですか？

先生 生成ＡＩを使えば、これらのプロセスがかなり効率化できます。時間がかかる作業が減り、担当者が本来の業務に集中できるようになりますよ。

近藤 それはすごいですね。具体的にはどうやって使うんでしょう？

＊　＊　＊

採用活動は、応募者の選考から面接日程の調整、候補者への連絡といった多くのステップを含みますが、生成ＡＩを活用すれば、これらの作業の多くを自動化できます。これにより、人事部門の負担が軽減され、より戦略的な採用活動が可能になります。ここでは、生成ＡＩがどのように採用活動をサポートし、自動化を実現するかについて具体的に説明します。

生成ＡＩを活用した採用プロセスの自動化

1．応募書類の選考

概要 生成AIを使えば、応募者の履歴書や職務経歴書を自動的にスクリーニングし、必要なスキルや経験を持つ候補者を抽出できます。これにより、短時間で適切な人材を見つけやすくなります。

例 AIが応募者の経験や資格をもとにスコアリングを行い、求める要件に最も適した候補者を優先的にリストアップし、人事担当者が詳細な審査に専念できるようにします。

2. 面接日程の調整

概要 生成AIは、候補者と面接担当者のスケジュールを考慮し、自動的に面接日程を調整します。これにより、連絡のやり取りが減り、迅速な日程調整が可能です。

例 AIが候補者と面接官の空き時間を確認し、双方に最適な日時を提案。さらに、確認メールやリマインダーも自動で送信することで、調整ミスを防ぎます。

3. 候補者への連絡とフォローアップ

概要 生成AIは、候補者に対するメールの自動送信や選考結果の通知、フォローアップの連絡も行います。これにより、迅速で一貫性のあるコミュニケーションが実現します。

例 面接後、AIが候補者に結果を通知し、内定者には入社手続きの案内も自動的に送信することで、候補者の満足度を高めます。

生成AIを活用するメリット

1．業務効率の向上

採用プロセスの一部を自動化することで、人事部門の業務負担が軽減されます。自動化によって書類選考や面接調整が効率化し、担当者が戦略的な業務に集中できるようになります。

2．候補者との円滑なコミュニケーション

生成ＡＩにより、候補者への連絡が迅速かつ一貫性を持って行えるため、候補者の体験が向上します。即時のフィードバックやリマインダーは、候補者にとっても信頼感を与え、応募者満足度が上がります。

3．人材の質の向上

ＡＩが応募書類をスクリーニングすることで、必要なスキルや経験を持つ候補者を効果的に選定できます。結果として、質の高い人材を見逃さず、採用効率が向上します。

導入に向けた課題と対策

1．プライバシーとデータ保護

応募者の個人情報を扱う際には、データ保護とプライバシー対策が不可欠です。適切なセキ

ュリティ対策を講じ、応募者のデータを安全に管理する必要があります。

2. AIの精度と透明性の確保

自動化された選考プロセスが公正で透明性があるように、AIのスクリーニング結果を定期的にチェックし、必要に応じて修正することで、偏りを防ぎます。

まとめ

生成AIを活用することで、採用プロセス全体の多くを自動化し、効率的かつ効果的な採用活動が可能になります。応募書類のスクリーニングから面接日程の調整、候補者への連絡までを自動化することで、人事部門の負担が軽減され、優れた人材を効率よく採用できる環境が整います。小さなステップから導入を始め、AIの活用で採用活動の質を高めましょう。

近藤 生成AIが採用活動にもこんなに役立つとは驚きました。まずは試してみたいですね。

先生 プライバシー対応として、例えばChatGPTに学習用データとしてデータ提供をしない設定ができます。画面右上のアカウント↓データコントロール↓すべての人のためにモデルを改善するを「OFF」にします。

03

データ入力、請求書処理、議事録作成など、事務作業を自動化する

近藤 事務作業に時間がかかっていて、データ入力や請求書処理などの業務をもっと効率化できればと思うのですが、ＡＩで自動化できるんでしょうか？

先生 もちろんです。生成ＡＩを活用すれば、事務作業の多くを自動化でき、業務のスピードと正確性が向上しますよ。これにより、重要な業務に集中できるようになります。

近藤 それは便利ですね。具体的にはどんなふうに使えるんですか？

＊　＊　＊

生成ＡＩは、時間のかかる事務作業を効率化するための強力なツールです。日常業務の一部を自動化することで、ミスを減らし、作業にかかる時間を短縮することができます。ここでは、データ入力、請求書処理、議事録作成といった事務作業が生成ＡＩによってどのように自動化できるか、その具体例とメリットを詳しく解説します。

生成ＡＩを活用した事務作業の自動化

1.データ入力の自動化

概要 生成ＡＩは、大量のデータを素早く正確に入力するために利用できます。例えば、スプレッドシートやデータベースへの入力作業を自動化することで、ミスを減らし、効率的にデータを整理できます。

例 手書きの書類やスキャンした画像データをＡＩが読み取り、自動でデジタルデータに変換し、正確にデータベースに入力することで、作業時間を大幅に削減します。

2.請求書処理の自動化

概要 生成ＡＩは、請求書の内容をスキャンして自動的にデータを読み取り、金額や日付などの情報を処理します。これにより、請求書の確認作業が効率化され、ミスのリスクも軽減されます。

例 請求書をＡＩが読み込み、支払い期日や金額、振込先などを自動でデータベースに登録。支払い準備もＡＩが進めるため、担当者は確認作業のみで済むようになります。

3.議事録の自動作成

概要 生成ＡＩを使って会議の音声データをテキスト化し、自動的に議事録を作成することが可能です。ＡＩが重要なポイントを抽出し、要約としてまとめることもでき、会議後の議事録作成の手間が省けます。

例 会議中に録音した音声データをＡＩが処理し、要点をまとめた議事録として自動生成。必要に応じて内容の修正も簡単に行えます。

生成ＡＩを活用するメリット

1．時間の節約

ＡＩによって手作業の事務作業が自動化されるため、担当者の作業時間が大幅に削減されます。手動で行っていたデータ入力が短縮され、他の重要な業務に集中できる時間が増えます。

2．正確性の向上

ＡＩはミスなくデータ処理を行うため、手作業による入力ミスや計算ミスが減少します。正確なデータ処理が行われることで、業務全体の信頼性が向上します。

3．作業の一貫性

自動化されたプロセスは常に一定の品質で業務を処理するため、業務の一貫性が保たれます。とくに請求書処理や議事録作成などで、常に同じフォーマットと品質を維持できます。

導入に向けた課題と対策

1.データセキュリティの確保

AIが処理するデータには個人情報や機密情報が含まれる場合があります。適切なセキュリティ対策を講じ、データの保護を徹底する必要があります。

2.AIの精度と監視

AIによる処理が完全ではない場合もあるため、重要な業務についてはAIの出力をチェックする体制を整え、必要に応じて修正を行うことで精度を維持します。

まとめ

生成AIを活用することで、データ入力、請求書処理、議事録作成といった時間のかかる事務作業が効率化され、作業の正確性と一貫性も向上します。自動化により、担当者はより戦略的な業務に時間を割くことができ、業務全体の生産性が向上します。まずは小規模な業務から導入し、生成AIの効果を実感しながら活用範囲を広げていくのがよいでしょう。

近藤 生成AIがこれほど業務効率化に役立つとは驚きです。ぜひ試してみたいですね。

先生 例えば、Windows ロゴキー + Shift + S でキャプチャした画像を直接ChatGPTの指示に貼り付けて、テキスト抽出するも簡単にできますよ！

04 議事録作成もお任せ！生成AIで効率アップ！

近藤 会議後の議事録作成がいつも大変で…。何か効率的な方法はないでしょうか？

先生 生成AIを活用すれば、議事録を自動で作成できるので、業務効率がぐっと上がりますよ！　とくに中小企業には助けになると思います。

近藤 それは便利そうですね！　どうやって導入すればよいのか、具体的に教えてください。

＊　＊　＊

生成ＡＩは、会議内容を自動でまとめ、わかりやすい議事録を生成する強力なツールです。会議後の議事録作成にかかる手間を省き、内容を迅速に共有できるため、次のアクションにもスムーズに移れます。ここでは、生成ＡＩを活用した議事録作成の仕組みとそのメリット、導入方法について詳しく解説します。

生成AIで議事録を自動作成する方法

1．音声認識とテキスト変換

概要　生成ＡＩは音声認識機能を使って会議の録音データをテキスト化し、要点を整理して議事録に変換します。音声をそのまま文字に起こすため、内容の把握がスムーズになります。

例　会議を録音したデータを生成ＡＩにアップロードし、音声からテキストに変換。その後、要点をまとめた簡潔な議事録として出力します。

2．要点の自動抽出

概要　ＡＩがテキストデータから重要な内容を自動的に抽出し、分かりやすく要約してくれます。これにより、膨大な会議内容から必要な情報のみを抜き出し、効率的な議事録作成が可能です。

例　生成ＡＩが会議内容を要約し、「決定事項」「次のステップ」「課題点」といった項目ごとに整理してくれるので、内容が明確で伝わりやすい議事録が完成します。

3．フォーマットの自動整備

概要　生成ＡＩは、自動でフォーマットを整えた議事録を作成することが可能です。これにより、統一感のある議事録を作成でき、誰でも内容が見やすくなります。

例 定型フォーマットに沿った議事録が生成されるため、担当者ごとのタスクや期日も見やすく整理されます。議事録の品質が安定するため、後から読み返す際にも便利です。

4．リアルタイムでのメモ作成

概要 会議中にリアルタイムで生成ＡＩがメモを作成し、必要に応じて内容を即座に確認できる仕組みも可能。会議終了と同時に議事録がほぼ完成するため、時間の節約になります。

例 会議が進行する中で生成ＡＩが要点を抜き出し、会議終了後にはそのまま共有可能な議事録として仕上がっているため、迅速にチームへ情報共有ができます。

生成ＡＩを活用するメリット

1．効率化によるコスト削減

会議後の議事録作成にかかる時間や人件費を大幅に削減でき、他の業務に集中する時間が増えます。中小企業にとって、限られたリソースを最大限に活用できるのが大きなメリットです。

2．議事録の精度と一貫性の向上

議事録が統一されたフォーマットで作成されるため、情報が整理され、誰が読んでも内容が把握しやすくなります。また、ＡＩによる抽出により、情報漏れや書き間違いも防げます。

3. 迅速な情報共有

会議が終わってすぐに議事録が完成し、迅速に関係者に共有できます。これにより、次のアクションを速やかに始められ、ビジネスのスピードアップにつながります。

まとめ

生成AIを活用した議事録の自動作成は、業務効率を大きく向上させ、従業員の負担を軽減します。音声認識や要約機能、統一フォーマットでの出力によって、質の高い議事録が短時間で完成するため、会議後のタスクが格段に進めやすくなります。まずは、音声認識のテキスト化から始め、生成AIの便利さを実感してみてはいかがでしょうか。

近藤：生成AIで議事録が自動でできるなら、会議後の手間がかなり省けますね！

先生：録音した音声をテキスト化するサービスを利用すれば、ChatGPTで要約を作成できます。また、生成AIによる議事録サービスもありますので、比較検討しましょう！

05 AI活用にも責任を！ 便利さだけでなく倫理も考えたAI活用を！

近藤 生成AIが便利だと聞きますが、「AIの倫理」についても話題ですね。使うときに気をつけることって何でしょうか？

先生 いい質問です。生成AIを活用するには、データの扱いやプライバシー、バイアスに配慮することが重要です。責任あるAI活用を意識すると、信頼される企業運営ができますよ。

近藤 具体的にどういう点に気をつけるとよいんでしょう？

＊　＊　＊

生成ＡＩはデータを活用して効率的に情報を生成するツールですが、倫理的な配慮が欠かせません。プライバシーや公平性、透明性を守りながら使うことで、顧客や従業員からの信頼を高め、企業の価値も向上します。ここでは、生成ＡＩの活用において考慮すべき倫理的ポイントと実践方法について解説します。

責任あるAI活用のための3つの倫理的観点

1.データのプライバシー保護

ＡＩは大量のデータを用いるため、個人情報の扱いにとくに注意が必要です。顧客や従業員の情報を適切に処理し、プライバシーが守られるようにしましょう。

例 顧客データをＡＩで活用する際は、匿名化処理をして特定の個人を識別できないようにすることで、プライバシーを保護します。

2.バイアスの回避

ＡＩが学習データに偏りがあると、判断結果にも偏りが生じます。採用や顧客対応においても、公平性を確保することが重要です。

例 採用プロセスでＡＩを活用する場合、特定の性別や年齢層に偏らないデータを使い、公平な評価を行うようにします。

3.透明性と説明責任

ＡＩがどのように判断し、結論に至ったのかを説明できることが重要です。透明性を保つことで、ＡＩの結果に対する信頼が得られます。

例 生成ＡＩが提案した内容について、どのデータをもとに判断したかを明確にすることで、信頼性のあるサービスが提供できます。

倫理的なAI活用を実現するためのステップ

1．データ収集と管理の透明性

データ収集時に、用途や保存期間を明示することが大切です。これにより、顧客や従業員がデータの扱いを理解しやすくなります。

実践方法　データ取り扱いポリシーを公開し、必要に応じて同意を得るプロセスを設けます。

2．バイアス検出と調整

ＡＩの出力を定期的に確認し、意図しないバイアスが含まれていないかを検証します。

実践方法　バイアス検出をルーチンに組み込み、必要に応じてデータやアルゴリズムの調整を行います。

3．説明可能なAIシステムの導入

判断の基となるデータやプロセスを明示できるＡＩシステムを選ぶことで、透明性が確保。

実践方法　定期的に報告書を出し、ＡＩの判断根拠を明確に説明するようにします。

倫理的なAI活用のメリット

1. **信頼性の向上：**長期的な関係構築やリピート利用に有利です。
2. **リスク管理の強化：**プライバシーや法規制のリスクを低減し、安心して活用できます。
3. **ブランド価値の向上：**社会的責任を果たす企業としての評価が高まり、ブランド価値が向上します。

まとめ

生成AIを使ってビジネス効率を上げる一方で、倫理的な観点を無視しないことが大切です。データの扱いやバイアスの回避、透明性を守ることで、顧客や従業員からの信頼を得て、持続可能な企業運営につながります。責任あるAI活用を意識し、企業の成長と信頼を同時に築いていきましょう。

近藤先生

生成AIの活用も倫理を意識すると、より信頼される経営ができるんですね。例えば、樋笠知恵先生（信州大学）の「AI活用に伴う〝ELSI〟と研究におけるAI活用」横幹18（1）18-25 2024年4月は倫理・法律・社会の観点から分かりやすく整理して参考になりますよ！　無料で読めます！　ぜひ、検索してください。

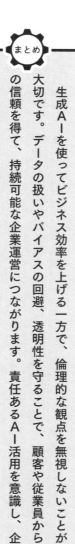

第3章

眠れる顧客データを起こせ！
データ分析でビジネスチャンスを掴む！

顧客心理を読み解く

01

データで顧客体験を最適化 CX（カスタマーエクスペリエンス）

近藤 データを使ってどうやって顧客体験を向上させればいいんでしょうか？

先生 CXは、顧客と企業のあらゆる接点での体験を最適化することです。データを活用すれば、顧客心理を理解し、よりよい体験を提供できますよ。

近藤 でも、そのデータをどう集めて、分析すればいいんですか？

＊　＊　＊

CXは、商品購入やサービス利用時に顧客が感じる体験全体を指し、その質が企業の成功に大きく影響します。顧客満足度を高め、リピーターを増やすには、データを活用して顧客心理を理解し、CXを最適化することが重要です。ここでは、データを使ってCXを向上させる方法とその効果について説明します。

データを活用したCXの最適化

1．顧客ニーズの把握

顧客が何を求めているかをデータで理解することで、適切なサービスや商品を提供できます。これにより、顧客満足度が向上します。

2.行動パターンの分析

顧客が購入に至るまでのプロセスや、離脱する段階をデータで把握することで、障害を取り除きスムーズな購入体験を提供できます。

3.パーソナライズされた体験の提供

顧客データを活用し、個別に合わせた提案を行うことで、魅力的な体験を提供できます。これにより顧客との関係が深まり、リピーターの増加につながります。

データ活用のステップ

1.データの収集

概要 CX向上のためにまず必要なデータを集め、顧客の行動を把握します。

実践 ウェブサイトの閲覧履歴や購買データを収集し、顧客の行動を追跡します。

2.データの分析

概要 集めたデータを分析し、顧客がどの部分に満足しているか、どこに改善が必要かを特定します。

実践 Ｇｏｏｇｌｅアナリティクスなどのツールを活用し、顧客行動データを分析してインサイトを得ます。

3. フィードバックを収集する

概要 定量的データでは把握しきれない顧客のニーズを理解するために、フィードバックを収集します。

実践 アンケートやレビューを通じ、顧客が満足している点や改善を求めている点を確認。

4. 改善の実行と効果測定

概要 分析結果に基づき改善策を実行し、その効果をデータで検証します。このサイクルを繰り返すことでＣＸが持続的に向上します。

実践 サイトのデザインを改善した後、コンバージョン率の変化を追跡し、さらなる改善を図ります。

顧客体験最適化のメリット

顧客満足度の向上

顧客が本当に求めている商品やサービスを提供することで、顧客満足度が大幅に向上。

リピート率の向上

パーソナライズされた対応で顧客が特別感を感じ、リピーターとして戻ってくる確率が高まります。

コスト効率の向上

データを活用して無駄な施策を減らし、効率的なマーケティング戦略を打ち出せるため、コストを抑えつつ効果を最大化できます。

まとめ

データを活用してCXを最適化することは、顧客満足度を高め、競争力を強化するために不可欠です。まずはデータの収集と分析から始め、パーソナライズされた体験を提供することで、顧客関係を深め、ビジネスの成長につなげましょう。

近藤　**データを使ってCXを改善するのって、もっと難しいと思っていましたが、これなら始めやすそうですね。さっそくデータ収集から始めてみます！**

先生　**お勧めですよ！**（https://exploratory.io/metrics）

02 顧客の声を聞く

データから顧客ニーズを深掘り（VOC分析）

近藤 「顧客の声（Voice of Customer：VOC）」って、具体的にどうやって活用すればいいんでしょうか？

先生 VOC分析は、顧客の声をデータとして収集・分析し、ビジネス改善に役立てる手法です。顧客が何を求めているかを理解するための非常に重要なプロセスですよ。

近藤 でも、どこから始めればよいのか、少し難しそうですね…。

＊　＊　＊

顧客の声（VOC）は、アンケート、レビュー、カスタマーサポートへの問い合わせなど、さまざまなチャネルを通じて得られる情報です。これを体系的に収集・分析することで、顧客が本当に何を求めているのかを理解し、製品やサービスの改善に役立てることができます。ここでは、VOC分析を用いて顧客ニーズを深掘りし、ビジネス成長に活かす方法を説明します。

VOC分析の重要性

1. 顧客ニーズの正確な把握

概要 VOC分析は、顧客が商品やサービスに対して持っている期待や不満を直接的に把握するための方法です。これにより、顧客が求める改善点を明確にできます。

例 アンケートやレビューの分析を通じて、特定の商品に対する不満や要望を発見し、改良を行うことで、満足度を向上させることができます。

2. 製品・サービスの改善

概要 VOC分析を行うことで、顧客がどの部分に満足し、どの部分に不満を抱いているかを明確にし、改善につなげることができます。顧客のフィードバックを反映した製品改良は、競争力を高めるための重要な手段です。

例 顧客からの問い合わせデータを分析して、繰り返し発生している問題を特定し、その解決策を提供することで、顧客満足度を向上させることができます。

3. リピーターの増加

概要 顧客の意見を反映することで、顧客は自分の声が企業に届いていると感じ、ロイヤルティが高まります。これにより、リピーターとして再度サービスを利用してくれる可能性が高くなります。

例 商品の改善や新しいサービスの導入を顧客の意見に基づいて行うことで、顧客が再びサービスを利用するきっかけを作れます。

VOC分析のステップ

1．データの収集

概要 顧客の声を聞くためには、まずデータを収集することが必要です。アンケート、レビュー、SNSのコメント、カスタマーサポートへの問い合わせなど、あらゆるチャネルから顧客のフィードバックを集めます。

実践 自社ウェブサイトやソーシャルメディアのコメント、カスタマーサポートへの問い合わせデータを一元化して収集します。

2．データの分析

概要 集めたデータを分析し、顧客が共通して指摘している問題点や、満足している点を特定します。テキストマイニングなどを活用して、大量のフィードバックを効率的に処理します。

実践 顧客のコメントをキーワードで分類し、ポジティブな意見とネガティブな意見に分け、傾向を把握します。

3. 改善策の実行

概要 分析結果に基づいて、製品やサービスの具体的な改善策を立案・実行します。顧客が指摘した問題を迅速に解決することで、企業への信頼度を高めます。

実践 顧客が指摘した問題を製品チームにフィードバックし、迅速な対応を実施します。顧客に改善内容を報告し、信頼感を高めます。

まとめ

VOC分析は、顧客が求めるニーズを的確に把握し、それに応じた対応を行うための強力なツールです。データを正しく収集し、分析することで、顧客満足度を向上させ、リピート率を高めることができます。まずは小さなステップから、顧客の声を反映した改善を始めましょう。

近藤：VOC分析って、思ったより実践しやすそうですね。さっそく顧客の声を集めて、サービス改善に活かしてみます！

先生：例えば、実際の分析のイメージが掴みたい場合は、YouTubeで「アンケートデータを活かすために欠かせない5つの分析手法セミナー」と検索してみてください。

03 ロイヤルカスタマーを育てる LTV向上のためのデータ戦略

近藤　ロイヤルカスタマーってどうやって育てるんですか？　LTV（顧客生涯価値）を高めるための具体的な方法があれば教えてください。

先生　ロイヤルカスタマーは、企業にとって長期的な価値をもたらします。データを活用して、顧客が長くあなたのブランドに愛着を持てるような施策を展開することが大切です。

近藤　でも、具体的にどうすればいいんでしょう？

＊　＊　＊

LTV（顧客生涯価値）は、顧客が生涯にわたってもたらす利益を示す指標で、ロイヤルカスタマーを育てるための重要な指標です。LTVを向上させるためには、データを活用して顧客との関係を深め、リピート購入を促進し、長期的な関係を築くことが鍵となります。ここでは、LTV向上に効果的なデータ戦略を紹介します。

LTV向上のためのデータ戦略

1. 顧客セグメンテーションの実施

概要 データを使って顧客をセグメント化し、それぞれのグループに適したアプローチを行います。これにより、特定のニーズに対応した施策を打ち出すことが可能になります。

例 購買頻度が高い顧客にはロイヤルティプログラムを提供し、購入頻度が低い顧客には特別割引やプロモーションを通じて再度の購入を促します。

2. パーソナライズされた体験の提供

概要 顧客の購買履歴や行動データを分析し、個々の顧客にパーソナライズされた体験を提供することで、リピート購入を促します。特に、過去の購入傾向をもとにした商品提案や、顧客の興味に合わせたプロモーションが効果的です。

実践方法 顧客の閲覧履歴や購入履歴に基づいて、関連商品やカスタマイズされたオファーをメールで配信し、顧客とのエンゲージメントを強化します。

3. ロイヤルティプログラムの導入

概要 顧客のリピート購入を促進するために、ポイント制度や特典を提供するロイヤルティプログラムを導入します。これにより、顧客は特典を受け取るために繰り返し購入する動機を持ちます。

例 購入ごとにポイントが貯まる仕組みを導入し、ポイントを利用した割引や限定商品へのアクセス権を提供することで、顧客のブランドへのロイヤルティを高めます。

4．顧客フィードバックの活用

概要 顧客からのフィードバックを収集し、それをサービスや商品改善に活用します。顧客の声を積極的に反映させることで、顧客との信頼関係が深まり、ロイヤルカスタマーとして長く付き合ってもらえる可能性が高くなります。

実践方法 購入後のアンケートや定期的な顧客満足度調査を通じて、顧客の意見を反映させ、サービスの質を向上させます。

LTV向上のメリット

1．売上の安定化

ロイヤルカスタマーを育てることで、リピート購入が増え、売上が安定します。新規顧客の獲得コストに依存することなく、持続的な成長が期待できます。

2．マーケティングコストの削減

既存顧客にフォーカスすることで、広告費やマーケティングコストを削減できます。新規顧客よりも、既存顧客に再購入してもらう方がコスト効率が高いです。

3.口コミ効果の拡大

満足度の高いロイヤルカスタマーは、自然と他の潜在顧客にブランドを紹介してくれます。これにより、新規顧客の獲得にもつながります。

まとめ

LTV向上は、長期的なビジネス成長に不可欠です。データを活用して顧客を深く理解し、パーソナライズされた体験やロイヤルティプログラムを通じて顧客との関係を強化することで、ロイヤルカスタマーを育て、売上を持続的に伸ばすことができます。

近藤　LTVって単なる売上じゃなくて、長期的な視点で考えることが大事なんですね。まずは顧客のセグメンテーションから始めてみます！

先生　Exploratory社の「SaaS KPI シリーズ - CLV（顧客生涯価値）」という記事も参考になりますよ！

04

顧客インサイトを探る

データでペルソナを明確化

近藤「ペルソナ」ってマーケティングでよく聞くんですけど、具体的にどうやって作ればいいんでしょうか？　データを活用した方法を知りたいです。

先生 ペルソナは、理想的な顧客像を描くためのツールで、データを活用することで精度の高いペルソナを作ることができます。顧客インサイトを深く理解するためにも非常に役立ちますよ。

近藤 なるほど。でも、どうやってデータを使ってペルソナを作成すればよいんでしょうか？

＊　＊　＊

ペルソナとは、特定の顧客層を代表する架空の人物像で、マーケティングや商品開発の方向性を決める際に役立ちます。データをもとにペルソナを作成することで、顧客ニーズや購買動機を正確に把握し、より効果的な施策を展開することができます。ここでは、データを活用してペルソナを明確化する手順とそのメリットについて詳しく解説します。

データを活用したペルソナ作成のステップ

1．顧客データの収集

ペルソナを作成するための第一歩は、顧客のデータを集めることです。収集するデータは、年齢、性別、職業、購買履歴、ウェブサイトの訪問履歴など、顧客の行動や属性に関するものです。

2．顧客のセグメンテーション

次に、収集したデータをもとに顧客をセグメント化します。セグメンテーションは、共通の属性や行動パターンを持つ顧客をグループに分けるプロセスです。この段階で、さまざまなニーズを持つ顧客層を把握し、ターゲットを絞り込みます。

3．インサイトの発見

セグメント化された顧客データを分析し、各グループの行動やニーズの背後にある動機を探ります。これにより、顧客が何を求めているのか、どのような状況で購買に至るのかがわかります。

4．ペルソナの作成

データ分析によって得られたインサイトをもとに、具体的なペルソナを作成します。ペルソナには名前、年齢、職業、趣味、ライフスタイル、購買動機など、詳細なプロフィールが含まれます。

データを活用したペルソナ作成のメリット

1. ターゲティング精度の向上

ペルソナを作成することで、ターゲット顧客が明確になり、マーケティング施策をより効果的に展開できます。広告やプロモーションも、より適切なターゲットに届くようになります。

2. 顧客との共感を高める

ペルソナをもとにしたマーケティングメッセージは、顧客のニーズや問題に寄り添ったものになるため、顧客との共感を生みやすくなります。これにより、ブランドの信頼性や好感度が高まります。

3. マーケティング戦略の一貫性

ペルソナが明確であれば、マーケティングチーム全体で一貫した戦略を展開することが可能です。どの顧客層に向けてどのようなメッセージを伝えるべきかが統一されるため、無駄のない効率的なマーケティングが実現します。

4．プロダクト開発の改善

ペルソナを作成することで、顧客が本当に求めている製品やサービスが明確になります。そのため、プロダクト開発チームも、顧客ニーズに合わせた商品やサービスの設計を進めることができ、顧客満足度の向上が期待されます。

まとめ

データを活用してペルソナを明確にすることは、顧客のインサイトを理解し、効果的なマーケティング戦略を立てるために欠かせないステップです。ペルソナをしっかり作り込むことで、ターゲットに応じたメッセージやプロモーションが可能となり、顧客との関係を強化することができます。まずは顧客データの収集と分析から始め、顧客像を具体的に描き出しましょう。

近藤：データに基づくペルソナ作成、思ったより実践的で効果がありそうですね。さっそく始めてみます！

先生：ChatGPTなど生成AIの力を借りることで、ペルソナ作成も効率的にできるようになりましたね。具体的なプロンプトは、関連書籍を参考にしてください！

05

顧客エンゲージメントを高める

データドリブン・マーケティング

近藤「データドリブン・マーケティング」で顧客エンゲージメントを高めるにはどうすればいいんでしょうか?

先生 データドリブン・マーケティングは、データをもとにした戦略で顧客との関係を強化する方法です。顧客の行動や嗜好をデータで分析し、適切なタイミングで適切なメッセージを届けることで、エンゲージメントを高めることができます。

近藤 なるほど。具体的にはどんなステップがあるんでしょうか?

＊　＊　＊

顧客エンゲージメントを高めることは、ビジネスの成功に欠かせない要素です。顧客エンゲージメントが高いと、リピーターになりやすく、ブランドへの信頼感も強まります。データドリブン・マーケティングを活用することで、顧客の行動データや興味を理解し、個別にパーソナライズされた体験を提供することが可能になります。

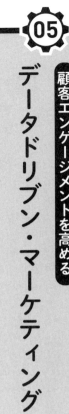

データドリブン・マーケティングのステップ

1.データ収集と分析

顧客のエンゲージメントを高めるためには、まず顧客データを収集し、分析することが必要です。ウェブサイトのアクセス履歴、購買履歴、メールの開封率、SNSでの反応など、さまざまなデータを集めて、顧客の行動や興味を深く理解します。

2.セグメンテーションによるターゲット設定

データを分析した後、顧客を特定のセグメントに分類します。このセグメンテーションは、共通の行動パターンや興味を持つ顧客をグループ化するプロセスです。これにより、それぞれのセグメントに合わせた効果的なマーケティング施策が可能になります。

3.パーソナライズされたマーケティングの実施

顧客データに基づいて、個別にパーソナライズされたメッセージを届けることが、顧客エンゲージメントを高める鍵となります。顧客ごとの興味や購買履歴を踏まえたコミュニケーションを行うことで、顧客は自分が重要視されていると感じ、ブランドに対する信頼感が増します。

4.顧客のライフサイクルに応じたアプローチ

顧客のライフサイクルに応じたマーケティング戦略を展開することも重要です。新規顧客にはウェルカムメッセージ、既存顧客にはリテンション戦略、休眠顧客にはリターンキャンペーンなど、それぞれのステージに合わせたアプローチが必要です。

顧客エンゲージメントを高めるメリット

1. リピーターの増加

パーソナライズされたアプローチを通じて、顧客は自分が重要視されていると感じ、ブランドへのロイヤルティが高まります。これにより、リピート購入の可能性が高まり、売上の安定に繋がります。

2. マーケティングの効率化

顧客ごとのデータに基づいたマーケティングは、無駄を省き、より効果的な施策を打ち出すことができます。ターゲットに対して正確にアプローチすることで、広告費の削減やコンバージョン率の向上が期待できます。

3. 顧客満足度の向上

顧客が自身のニーズに合った情報やサービスを受け取ることで、顧客満足度が向上します。満足度の高い顧客は、他の潜在顧客にブランドを推薦し、口コミ効果を生み出すことも期待できます。

まとめ

データドリブン・マーケティングは、顧客エンゲージメントを高めるための強力な手法です。顧客データを収集・分析し、パーソナライズされたアプローチを行うことで、顧客との関係を深め、ブランドへのロイヤルティを築くことができます。

近藤　データを使ったマーケティングで、顧客エンゲージメントがこんなに高まるとは思っていませんでした。まずはデータ収集から始めてみます！

先生　西本章宏先生（関西学院大学）と近藤さんの対談記事も参考になりますね！「AIとデータが変えるマーケティングの進化」で検索できました！

第4章

中小企業でも始められる導入術
データドリブンマーケティングの第一歩

01 データドリブンマーケティングとは？

近藤 「データドリブンマーケティング」という言葉を耳にします。でも、正直どのようなものなのか、まだピンときません。中小企業でも本当に導入できるものなのでしょうか？

先生 データドリブンマーケティングとは、マーケティング施策をデータに基づいて計画し、実行し、改善していく手法のことです。「データドリブン」という言葉の通り、感覚や経験に頼らず、収集したデータを元に意思決定を行うのが特徴です。

＊　＊　＊

データドリブンマーケティングの特徴

1．意思決定の精度向上

感覚的な判断ではなく、データをもとにした分析結果を基に行動を決めることで、施策の成功確率が高まります。

例 過去の売上データを分析して、どの季節にどの商品が売れるかを把握し、それに基づいて在庫を調整。

2. 顧客中心のアプローチ

顧客の行動や嗜好をデータから理解し、それに合った商品やサービスを提案できます。

例 ウェブサイトの閲覧履歴を基に、訪問者が興味を持ちそうな商品をメールでおすすめする。

3. 効率的なリソース配分

限られた予算や人材を、最も効果の高い施策に集中させることができます。

例 広告費をすべての顧客に使うのではなく、リピート購入が期待できる顧客に集中。

中小企業における実践例

1. 顧客データを使ったターゲティング

事例 地域密着型の小売店では、顧客の購買履歴を分析して、特定の商品を購入した顧客に関連する商品のクーポンを送付。これによりリピート購入率が向上。

2．季節データを使ったプロモーション

事例 飲食店が、過去のデータを基に夏の売れ筋メニューを特定。これを基に、6月から8月にかけて冷たいドリンクやスイーツのプロモーションを展開し、売上が増加。

導入の第一歩として

- **小さなデータから始める**：最初は顧客リストや購買履歴など、手元にあるデータを活用しましょう。
- **無料ツールの活用**：ExcelやGoogle Analyticsなどを使って、データを整理・分析するだけでも効果が期待できます。
- **施策を繰り返し改善**：一度試した施策をデータに基づいて評価し、次の施策に活かすことで成果を積み上げていきます。

まとめ

データドリブンマーケティングは、データを活用して正確な意思決定を行い、顧客のニーズに応えるマーケティング手法です。中小企業でも、簡単なデータから始めることで、リソースを効率的に使いながら成果を上げることが可能です。最初はできる範囲から始めて、少しずつデータ活用を進めていきましょう！

近藤

データ活用が意外とシンプルな流れで始められることがわかりました。まずは手元のデータを見直してみます！

先生

その通りです！　一歩ずつ進めることで、大きな成果に結びつきますよ。

02 デジタルマーケティングとデータドリブンマーケティングの違いは？

近藤 「デジタルマーケティング」と「データドリブンマーケティング」、この2つにはどのような違いがあるのでしょうか？　私たちのような中小企業では、どちらを優先すべきでしょうか？

先生 この2つは、どちらも現代のマーケティングには欠かせない手法ですが、目的やアプローチに大きな違いがあります。それぞれの特徴を理解し、自社の状況に応じて活用することが重要です。

＊　＊　＊

デジタルマーケティングとは？

〈特　徴〉

- **広範なリーチ**：インターネットを介して多くの顧客にリーチできる。
- **リアルタイム性**：広告やコンテンツ配信を即時に変更・最適化可能。

●**導入の手軽さ**：小規模な企業でも少額の予算で始められる。

活用例

●Google広告を使って、特定の地域で自社の新s商品をプロモーションする。

●SNSを活用して、キャンペーンの告知を行い、ブランド認知を向上させる。

データドリブンマーケティングとは？

一方、データドリブンマーケティングは「データに基づいて意思決定を行う」ことに特化した手法です。顧客データや購買履歴などを分析し、その結果に基づいて施策を計画・実行します。

〈特　徴〉

●**分析重視**：感覚や経験ではなく、データを根拠に施策を決定。

◎違いのポイント

項目	デジタルマーケティング	データドリブンマーケティング
目的	デジタルチャネルを活用して顧客にリーチし、認知を広げる	データを活用して施策を計画・改善し、精度を高める
手法の中心	広告やSNS、メールなどのチャネルを活用	データ分析とパーソナライズされた施策
アプローチ	幅広いターゲット層にリーチ	顧客個別の嗜好や行動に応じた対応
活用ツール	Google広告、SNS、メール配信ツール	CRM、分析ツール、顧客データプラットフォーム
導入のハードル	比較的低い（広告やSNSアカウント作成から開始可能）	データの収集・分析環境が必要（導入準備に時間がかかる場合あり）

- **パーソナライズ**：顧客個別の嗜好や行動に基づく施策が可能。
- **継続的改善**：データを活用して施策を繰り返し改善する。

活用例

- 過去の購買履歴を分析して、リピーター向けに特別なクーポンを提供する。
- ウェブサイトの閲覧データを基に、興味を持つ商品をメールで提案する。

近藤 **どちらも重要な手法なのですね。では、中小企業の場合、どちらを優先すべきでしょうか？**

先生 **中小企業では、まずは「デジタルマーケティング」を活用して認知度を高め、顧客を獲得することから始めるのが現実的です。デジタルチャネルを活用して顧客と接点を持つことで、基礎的なデータが集まります。そのデータを活用して、次のステップとして「データドリブンマーケティング」を実践する流れが最適です。**

まとめ

デジタルマーケティングは、中小企業が手軽に始められる手法で、広範な顧客層への認知拡大や顧客の獲得に最適です。

データドリブンマーケティングは、顧客データを活用して精度の高い施策を実行する手法で、データが蓄積されてから効果を発揮します。

03 データドリブンマーケティングを始める3つのステップ

近藤

データドリブンマーケティングが中小企業にも効果的だとわかりました。でも、具体的には何から始めればいいのでしょうか？　私たちのように限られたリソースしかない企業でも、実現できる方法が知りたいです。

先生

データドリブンマーケティングを成功させるには、以下の3つのステップを踏むことが重要です。難しい専門知識は必要ありませんので、順を追って取り組んでいきましょう。

＊　＊　＊

1．データの収集

近藤

データを活用するには、まず何を集めればいいのでしょうか？　どこから手をつけたらよいかわかりません。

先生

データ収集はデータドリブンマーケティングの第一歩です。最初は以下の3つのデータを収集することをおすすめします。

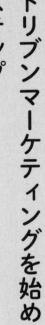

〈顧客属性データ〉

● **内容**：名前、年齢、性別、住所、メールアドレスなどの基本情報。

● **収集方法**：店舗の会員登録フォームやアンケート、オンラインフォームなどで簡単に収集できます。

● **活用例**：年齢や地域ごとに適した広告を配信することで、広告の効果を最大化できます。

〈行動データ〉

● **内容**：購買履歴、ウェブサイトの閲覧履歴、メール開封履歴など。

● **収集方法**：ＰＯＳシステム、Ｇｏｏｇｌｅ Ａｎａｌｙｔｉｃｓ、メールマーケティングツールを活用。

● **活用例**：過去に特定の商品を購入した顧客に、関連商品のおすすめメールを送る。

〈フィードバックデータ〉

● **内容**：商品レビュー、顧客アンケート、ソーシャルメディアでのコメントなど。

● **収集方法**：購入後にフォローアップメールを送信し、レビューを依頼する。

● **活用例**：顧客の声をもとに商品を改善し、満足度を向上させる。

まとめ データ収集は、顧客属性、行動データ、フィードバックデータの3つから始めましょう。すでにある情報や無料のツールを活用すれば、中小企業でもすぐに実現可能です。

2. データの整理と分析

近藤 **集めたデータはあるのですが、バラバラでどう活用すればよいかわかりません。どのように整理すればよいでしょうか？**

先生 **データは整理し、活用しやすい形に整えることで価値を発揮します。以下の手順で進めましょう。**

1. データのクレンジング

不正確なデータや重複データを削除し、信頼性の高いデータを確保します。

例 同じ顧客が複数回登録している場合、それらを統一します。

2. データの統一化

日付や住所などの形式を統一し、スムーズに活用できる状態にします。

例 「2024/11/18」と「2024年11月18日」を同じ形式に統一。

3. データのセグメント化

年齢層、購買頻度、地域などで顧客をグループ分けします。

例 「20代女性向け」「リピート顧客向け」など、施策ごとにセグメントを作成。

まとめ 整理されたデータは「資産」となり、施策に直結します。最初はExcelや簡単なCRMツールを使うだけでも十分です。整理されたデータを基に分析を進めていきましょう。

3. 施策の実行と検証

近藤 **データを活用した施策を実行してみたいのですが、どうやって効果を測れば良いでしょうか？　また、成功させるコツはありますか？**

先生 **実行した施策の効果を検証し、改善を繰り返すことが成功のカギです。以下の手順を参考にしてください。**

1. 目標を設定

具体的な目標を設定します（例：メール開封率を20％に引き上げる、など）。

2. 施策を実行

データ分析の結果をもとに、ターゲットを絞った施策を実施します。

例 購入頻度の高い顧客に対して、次回購入時に使える割引クーポンを配布。

3. 効果を検証

施策後にＫＰＩ（重要業績評価指標）を測定し、目標達成度を確認します。

例 メール配信後、開封率やクリック率をチェック。

4. 改善を繰り返す

成果が上がらなかった場合、その原因を分析し、次の施策に反映します。

例 タイトルを変更したメールを配信し、クリック率の違いを確認。

まとめ　施策は、実行後の検証と改善が成功のカギです。小規模な実験を繰り返しながら、自社に最適な施策を見つけていきましょう。

近藤　**データ活用が意外とシンプルな流れで始められることがわかりました。まずは手元のデータを見直してみます！**

先生　**その通りです！　一歩ずつ進めることで、大きな成果に結びつきますよ。**

まとめ

データドリブンマーケティングを始めるには、データの収集、整理・分析、施策の実行と検証の3つのステップが必要です。中小企業でも、小さなデータから始めることで、少しずつ成果を積み上げることができます。

04 データドリブンマーケティングを中小企業で運用するには？

近藤　運用を続ける中で、どのように成果を確認し、改善していけばよいのでしょうか？　ＰＤＣＡサイクルのような考え方は聞いたことがありますが、どのような改善プロセスがありますか？

先生　最近ではＰＤＣＡに代わる考え方として、「ＬＥＡＮループ」や「デザイン思考の反復プロセス」などが注目されています。データドリブンマーケティングに適した継続的な改善プロセスとして、以下の３つのステップを提案します。

＊　＊　＊

Ｓｔｅｐ１：仮説を立てる（Hypothesize）

まず、データに基づいて施策の仮説を立てます。この段階では、顧客行動や売上にどのような変化をもたらしたいのかを明確にすることが重要です。

〈具体例〉

●購買頻度の低い顧客にメールキャンペーンを実施することで、リピート率を10％向上させる。

●新規顧客向けに限定割引を提供し、購買数を増加させる。。

Step2：実験する（Experiment）

次に、仮説を検証するための実験を実施します。中小企業では、無理のない範囲で小規模な実験から始めるのがポイントです。

〈具体例〉

●ターゲット顧客を2つのグループに分け、一方に割引キャンペーンを適用し、もう一方には適用しない。

●メールの件名を2種類用意し、どちらが開封率が高いかをテストする（A／Bテスト）。

Step3：分析し改善する（Analyze and Optimize）

実験の結果を分析し、次の施策に活かします。この段階では、成功要因や改善点を特定し、次の仮説に反映します。

〈具体例〉

- 割引キャンペーンを実施したグループの購買率が20％高い場合、効果があったと判断。
- メールの開封率が高かった件名のパターンを次回以降に活用する。

このプロセスを繰り返す

上記のプロセスを繰り返すことで、施策の精度が向上し、マーケティング効果が最大化されます。この反復プロセスは、中小企業でも導入しやすく、リソースを効率的に活用できます。

まとめ

「仮説↓実験↓分析と改善」のプロセスを繰り返すことで、データドリブンマーケティングを効率的に運用できます。特に小規模な実験を繰り返すことで、低リスクで最適な施策を見つけることが可能です。

05

データドリブンマーケティングを運用する組織構築

近藤　データドリブンマーケティングの重要性はわかりましたが、実際にこれを社内で運用するには、どのような組織を構築すればよいのでしょうか？　限られた人材や予算の中で進めるには工夫が必要だと思います。

先生　中小企業でも、工夫次第でデータドリブンマーケティングを効果的に運用できる組織を構築できます。重要なのは、専任チームを持つことよりも、既存のリソースを活用しながら社内全体でデータ活用を推進する体制を整えることです。

＊　＊　＊

1. 明確なリーダーシップを設定する

近藤　まず、どのようにリーダーシップを設定すればよいのでしょうか？　誰が責任を持つべきですか？

先生　データドリブンマーケティングの成功には、責任者の明確化が欠かせません。必ずしも

専門家である必要はありませんが、データ活用の重要性を理解し、推進する役割を担う人を選定することが重要です。

〈ポイント〉

- **役割の設定：** データ活用の責任者（Data Champion）を選任し、データ関連の意思決定をリード。
- **トップの関与：** 経営者自身がデータ活用の重要性を認識し、社内での推進力となる。

実例

- 販売部門のリーダーが責任者となり、営業データの活用を推進。
- 経営者が定期的にデータ活用の進捗を確認し、支援を表明。

まとめ 明確なリーダーシップを設定し、データ活用をリードする役割を明確にすることで、組織全体での協力が得られます。

2. 小さなチームで始める

近藤 **中小企業では専門のデータ分析チームを作るのは難しいです。それでも取り組めますか？**

先生 **もちろんです！　専任チームを持つ必要はなく、既存の人員で小さなプロジェクトから始めることが可能です。ポイントは「現場の業務に詳しい人」と「データに詳しい人」の連携です。**

〈チーム編成〉

- **兼任メンバー**：現場の業務に詳しい社員をメンバーに加え、現場での課題を理解。
- **外部リソースの活用**：必要に応じてフリーランスやコンサルタントを活用し、専門性を補完。

実例

- 営業担当者とＩＴ担当者が協力し、顧客データを整理。
- 外部のデータ分析コンサルタントが、分析プロセスをサポート。

まとめ　最初は小規模なチームで始め、徐々に体制を拡大することで、無理なくデータドリブンマーケティングを進めることができます。

3. 社員の教育とスキルアップ

近藤　社員の多くはデータ活用に慣れていません。そのような状況で、どうやってスキルを向上させれば良いでしょうか？

先生　データ活用に必要なスキルを、段階的に社員に身につけてもらうことが重要です。全員が専門家である必要はありませんが、基本的なデータリテラシーは全社的に高めるべきです。

〈教育のポイント〉

● 基本スキルの習得：ＥｘｃｅｌやGoogle Analyticsの基本操作を学ぶ研修を実施。
● 実践を重視：実際の業務でデータを使う体験を通じて、データ活用に慣れてもらう。

〈低コストでの教育〉

- 無料のオンラインコース（CourseraやUdemy）を活用。
- 外部のセミナーや勉強会への参加。

まとめ　社員全体のスキルを少しずつ高めることで、データ活用が組織全体に浸透し、より良い成果を生み出します。

4. 成果を見える化して共有

近藤　成果を社員全員で共有するには、どのような方法が効果的でしょうか？

先生　成果を可視化し、共有することで社員のモチベーションが向上し、取り組みの効果が広がります。

〈具体的な方法〉

- **ダッシュボードの活用**：売上や顧客の動向を可視化する簡単なダッシュボードを作成。
- **成功事例の共有**：社内会議や掲示板で成功事例を紹介し、取り組みの重要性を強調。

実例

●「この3か月でリピート率が20%向上しました」という成果を全社員に発表。

●成果をグラフ化し、進捗が一目でわかるようにする。

まとめ　成果を可視化して共有することで、社員全体のモチベーションが高まり、データ活用の推進力が生まれます。

近藤　**限られたリソースでも始められる現実的な方法がわかりました。まずは社員教育と小さなプロジェクトから始めたいと思います。**

先生　**少しずつ体制を整えることで、大きな成果を期待できますよ。**

まとめ

データドリブンマーケティングを効果的に運用するためには、リーダーシップの明確化、小さなチームの活用、社員教育、成果の共有が鍵となります。中小企業でも、工夫次第で組織全体で取り組むことが可能です。

06 データドリブンマーケティングを支える社内文化の醸成

近藤 データドリブンマーケティングを始める準備が整ってきましたが、社員全体でデータ活用に取り組むには、どうすれば良いでしょうか？　特に、データに慣れていない社員を巻き込むのが難しそうです。

先生 素晴らしい問いですね！　データドリブンマーケティングを成功させるためには、社内全体でデータ活用を「当たり前」にする文化を醸成することが重要です。これはトップダウンとボトムアップの両方のアプローチが必要になります。

＊　＊　＊

1. 経営者が「データ活用の旗振り役」となる

近藤 私自身がデータ活用を推進する立場ですが、どう社員に示せばよいでしょうか？

先生 経営者がデータ活用の重要性を示すことで、組織全体が同じ方向を向くことができます。以下のポイントを押さえてください。

〈具体的なメッセージを伝える〉

データ活用がなぜ重要なのか、企業の目標達成にどう貢献するのかを明確に伝える。

例 「データに基づいた意思決定を行うことで、顧客満足度を向上させ、売上を10％伸ばすことができます。」

〈行動で示す〉

経営者自身がデータに基づいた意思決定を行い、その成果を社員に共有する。

例 新しい広告戦略をデータ分析に基づいて決定し、結果をチームに報告する。

まとめ 経営者が率先してデータ活用の重要性を示すことで、社員に信頼感と方向性を与えます。トップが「データを重視する姿勢」を見せることが成功の第一歩です。

2. 全社員がデータを理解し活用できる教育環境を整える

近藤 社員の多くはデータに馴染みがなく、どこから手をつければいいのかわからない様子で

す。教育の進め方を教えてください。

先生

社員全員がデータリテラシーを身につけることは不可欠です。ただし、全員が専門家になる必要はありません。以下の方法で、段階的にスキルを向上させましょう。

〈基礎教育を実施〉

データ分析の基本やツールの使い方を学ぶ研修を用意する。

例 Ｅｘｃｅｌの関数やGoogle Analyticsの使い方を学ぶワークショップを開催。

〈実践を重視〉

実際の業務でデータを活用するプロジェクトを設定し、体験を通じて学ぶ。

例 顧客データを使ってメール配信キャンペーンを設計し、その成果を分析する。

〈継続的な学びの場を提供〉

オンラインコースや社内勉強会を定期的に開催し、学びを深める。

例 無料のオンラインツール（UdemyやCoursera）を活用して社員のスキルアップを支援。

まとめ　データリテラシーの向上は、基礎教育と実践を組み合わせることで効果的に進められます。教育は一度きりではなく、継続的に行うことが重要です。

3. 成果を見える化して共有する

近藤　**社内で成果を共有する際、どのように見せれば社員のモチベーションが高まるでしょうか？**

先生　**成果を可視化することで、社員全体のモチベーションを高め、データ活用の重要性を理解してもらうことができます。**

〈成功事例を共有〉

データ活用による成果を具体的な数字や事例で共有する。

例　「データに基づいたメールマーケティングで、開封率が15％向上しました！」

〈ダッシュボードを活用〉

売上や顧客の動向をリアルタイムで可視化するダッシュボードを設置。

例 月次の売上データをグラフ化し、全社員が閲覧できるようにする。

〈チームで祝う〉

データ活用で成果を出したチームや個人を表彰し、成功体験を共有。

例 成果を出した社員を社内会議で称賛し、取り組みを広める。

まとめ 成果を可視化し、共有することで、データ活用の意義を社内全体に浸透させることができます。具体的な成功事例や数字を示すことがポイントです。

4. 社内のデータ活用を日常業務に組み込む

近藤 社員全員がデータ活用を「当たり前」にするには、どうしたらよいでしょうか？

先生 データ活用を日常業務に組み込むことで、文化として根付かせることができます。

〈意思決定にデータを組み込む〉

すべてのプロジェクトでデータを基にした意思決定を推奨。

例 会議での提案に、必ずデータを添えるルールを設定。

〈簡単な仕組みを構築〉

データ入力や分析が簡単にできるツールやテンプレートを提供。

例 営業活動のデータを入力する簡易フォームを作成。

〈データ活用のルーチン化〉

定期的なレポート作成やミーティングでデータ活用を組み込む。

例 毎週の営業会議で、顧客動向データを報告する。

まとめ データ活用を日常業務の一部とすることで、社員全員が自然にデータを使う習慣を身につけることができます。

近藤

文化を醸成するには時間がかかりそうですが、具体的な方法がわかったので、少しずつ進めていきます！

先生

データ活用を日常の中に根付かせることで、企業全体の競争力を高めることができますよ！

まとめ

データドリブンマーケティングを支える社内文化を醸成するには、経営者がリーダーシップを発揮し、社員教育と成果の共有を通じて、組織全体でデータ活用を進める仕組みを構築することが重要です。これにより、データ活用が自然な業務の一部となり、企業全体の成長に寄与します。

第5章

顧客はなぜ動く？ 消費者行動論を活かした経営戦略

01 顧客はなぜ動く？「消費者行動論」を活かした経営戦略

近藤　顧客が何を考えて商品を選んでいるのか気になるんですが、それを学べる方法ってあるんでしょうか？

先生　はい、「消費者行動論」が役立ちます。顧客の購買行動を理解することで、効果的なアプローチが見えてきます。

近藤　なるほど！　顧客の行動を知ることがビジネスのカギなんですね！

＊　＊　＊

消費者行動論は、顧客がどのようにして商品やサービスを選び、購入に至るのかを理解するための理論です。顧客がどのように行動し、何を重要視するのかを分析することで、中小企業でも効果的な販売戦略を立てることができます。ここでは、消費者行動論の基本と、それを実際のビジネスにどう活用できるかについて解説します。

消費者行動論の基本概念

1. 認知と動機

概要 顧客がまず認識するのは、自分が抱えるニーズや問題です。商品を知る前に、自分の課題を認識し、それを解決したいという動機が生まれます。

例 暑い季節に冷房を求める理由は「快適さ」がほしいからです。消費者はまず「暑い」という課題を認識し、それを解決する手段として冷房を考えるのです。

2. 情報収集と評価

概要 消費者は次に、自分のニーズに合う製品やサービスについて情報を集め、比較・評価します。この過程では、価格や品質、評判などが重要な評価基準になります。

例 エアコンの購入を検討する際、消費者は価格や性能、口コミを調べ、どのブランドやモデルが自分にとって最適かを判断します。

3. 購買決定とその後の評価

概要 評価を経て、消費者は購入の決断を下します。購入後には、その商品やサービスが期待通りだったかどうかを評価し、満足度が次の購買行動に影響を与えます。

例 エアコンを購入後、性能や電気代に満足すればリピート購入や友人への推薦につながりますが、不満があれば次回は他のブランドを選ぶ可能性が高まります。

消費者行動論を活用した中小企業の戦略

1. 顧客のニーズを把握する

概要 顧客が何を求めているのかを理解することで、訴求点が見えてきます。アンケートや口コミを通じて顧客の声を収集し、ニーズを特定しましょう。

実践方法 店舗で顧客アンケートを実施し、商品選択の理由や満足度を確認し、サービス改善に役立てます。

2. わかりやすい情報提供

概要 顧客が情報収集をしやすいよう、商品の特徴やメリットをわかりやすく提供します。とくに中小企業では、自社の強みを明確に伝えることが重要です。

実践方法 商品の特長をビジュアル化し、メリットが伝わるウェブ作成をします。

3. 購入後のフォローアップで満足度向上

概要 購入後の満足度は次の購買行動に直結するため、フォローアップを行い、顧客の評価を確認することが大切です。

実践方法 購入後に顧客へのメールで「満足していますか?」と確認し、改善点があれば次回に活かします。また、ポジティブな評価はウェブサイトに掲載して信頼を強化します。

消費者行動論を取り入れるメリット

1.ターゲット顧客への理解が深まる

消費者行動を知ることで、ターゲット層に合わせた効果的な施策を立てられます。

2.顧客満足度の向上とリピート率の増加

顧客ニーズに沿った商品やサービスを提供することで、満足度が向上し、リピーター獲得に繋がります。

まとめ

消費者行動論を理解することで、顧客がどのように商品を選び、どんな情報を必要としているかが見えてきます。これを活かして顧客満足度を高め、競争が激しい市場でも成功を収めましょう。

近藤先生：顧客がどうやって商品を選んでいるのか、具体的なステップが見えてきました！この分野に興味が沸いたら、日本消費者行動研究学会の学会誌や大会をのぞいてみることもお勧めです！

02 買い物は楽しさ？　それとも実用性？ 顧客の心をつかむ消費志向とは？

近藤　顧客が商品を選ぶとき、楽しさを求めているのか、実用性を求めているのか、いまいち分からないんです。どちらにアピールすべきなんでしょうか？

先生　いい質問ですね！「快楽的消費」と「功利的消費」という考え方が役立ちますよ。顧客が商品に求める価値を理解すれば、効果的なマーケティング戦略が立てられます。

近藤　それぞれの違いを押さえれば、アプローチの仕方も変わってきそうですね！

＊　＊　＊

消費者が商品を選ぶ際、「快楽的消費」と「功利的消費」という2つの志向が働きます。快楽的消費（hedonic consumption）は、楽しさや体験価値を重視し、功利的消費（utilitarian consumption）は実用性やコストパフォーマンスを求める消費スタイルです。この2つの志向を理解し、商品に合わせた戦略を取ることで、顧客の心を捉えやすくなります。以下で、両者の特徴と具体的なアプローチを解説します。

快楽的消費と功利的消費の基本概念

1．快楽的消費（Hedonic Consumption）

概要 楽しさや体験、感情的な満足が重要視される消費スタイルです。実用性よりも「どれだけ楽しいか」が購買の決め手になります。

例 最新のファッションアイテムや高級レストランでの食事などが該当します。

2．功利的消費（Utilitarian Consumption）

概要 商品の機能や実用性、コストパフォーマンスを重視する消費スタイルです。合理的に選択されるため、無駄のない購入が特徴です。

例 家電製品の中で機能が豊富でリーズナブルなものを選ぶことが功利的消費の例です。

快楽的消費と功利的消費に基づくマーケティング戦略

1．快楽的消費を狙った感情的アピール

概要 楽しさや体験に訴えるメッセージが効果的です。消費者の感情を動かすような広告で「特別感」を演出しましょう。

例 高級レストランでは「非日常の体験」を強調し、特別なひとときを提供します。

2．功利的消費を狙った機能性の強調

概要 コストパフォーマンスや効率性を重視するメッセージが功利的な消費者には響きます。価格や品質に関する具体的な情報が有効です。

例 家電製品では「省エネ設計」や「手頃な価格」をアピールし、コスト意識の高い顧客にアプローチします。

3．快楽と功利を両立したハイブリッド戦略

概要 両方の要素を取り入れ、より広範囲の顧客ニーズに対応します。

例 スポーツウェアなら「スタイリッシュで機能的」といった両面を訴求するメッセージが有効です。

快楽的消費と功利的消費を活用するメリット

1．顧客ニーズへの適応

消費志向に合わせたアプローチが可能になり、顧客に刺さりやすい戦略が取れます。

2．ブランドイメージの強化

顧客の価値観に応じたメッセージ発信で、ブランドの魅力が伝わり、リピーター獲得が期待できます。

まとめ

快楽的消費と功利的消費の理解は、効果的なマーケティング戦略を立てる上で不可欠です。快楽的消費には体験価値を、功利的消費には実用性を強調し、顧客の心を掴むことで、競争が激しい市場での成功が目指せます。

近藤　快楽的消費と功利的消費、それぞれに応じたアプローチを取ることで、顧客に響きやすくなるんですね！

先生　顧客が何を求めているかを見極め、それに応える戦略を立てることが大切ですよ！

03 顧客の期待を超えるには？「期待不一致モデル」で満足度アップ！

近藤 顧客満足度をもっと上げたいと思っているんですけど、どうすればいいのか悩んでいて…。

先生 それなら「期待不一致モデル」を活用するといいですよ。顧客満足度は、期待と実際の体験との差で決まるんです！

近藤 なるほど、期待を超えることが大切なんですね！　具体的にどう取り組めばいいんでしょうか？

＊　＊　＊

「期待不一致モデル」は、顧客が持つ期待と実際の体験の差が満足度を左右するという考え方です。顧客の期待を上回ると満足度が高まり、逆に期待に届かないと不満を感じやすくなります。とくに中小企業が顧客満足度を高めるためには、このモデルを意識したアプローチが効果的です。ここでは、期待不一致モデルを活用した具体的な方法をご紹介します。

期待不一致モデルの基本概念

1. 期待通りの体験

概要 顧客が期待したとおりの体験を提供すると、満足度が上がります。「期待通り」のサービスは、顧客に安心感を与えます。

例 メニュー写真通りの料理が提供され、期待した味であれば、顧客は「思った通りだ」と感じます。

2. 期待を超える体験

概要 期待を上回る体験ができれば、顧客はさらに満足しやすくなります。小さなプラスが顧客の心をつかみます。

例 想像以上に美味しい料理や丁寧な接客があると、顧客は「また利用したい」と感じます。

3. 期待を下回る体験

概要 顧客の期待に届かないサービスや商品だと、不満が生まれやすくなります。これが続くとリピーターが減る原因に。

例 メニューと実際の料理が異なる、サービスが遅いといった場合、顧客の期待を裏切る結果となります。

期待不一致モデルを活用した満足度向上のステップ

1．顧客の期待を把握する

概要 顧客が何を期待しているのかを把握することで、満足度向上のヒントが得られます。アンケートや口コミを参考にしましょう。

実践方法 顧客アンケートを通じて「満足した点」「改善してほしい点」を確認し、期待を超えるサービス提供に役立てます。

2．プラスアルファの価値を提供する

概要 期待を超える体験には、小さなサプライズや特典が効果的です。

実践方法 飲食店でデザートをサービスしたり、購入後に感謝のメッセージを送ったりするなど、細やかな心配りで顧客の満足度を高めます。

3．継続的なフィードバックと改善

概要 定期的に顧客のフィードバックを確認し、サービスの質を維持・向上させます。

実践方法 レビューやアンケート結果を定期的に見直し、顧客の期待に合わせて改善を行います。

期待不一致モデルを活用するメリット

1. 顧客満足度の向上

顧客の期待を超える体験を提供することで、満足度とリピート率が向上します。

2. 信頼とロイヤルティの強化

継続的に期待を超えるサービスを提供することで、顧客との信頼関係が深まり、リピーターを増やすことが可能です。

まとめ

期待不一致モデルを活用すれば、顧客の期待を超えるための施策が明確になります。顧客の期待に応え、さらにプラスアルファの体験を提供することで、満足度とロイヤルティが向上します。

近藤　顧客にちょっとした驚きを与えることで、満足度を高められるんですね！

先生　そうです。顧客の期待を超える体験が、次の利用につながりますよ！

04 情報が多すぎる！顧客に寄り添う「情報過負荷」対策

近藤 **顧客に提供する情報が多すぎて、かえって迷わせているような気がしていて…情報をどう整理すればいいんでしょうか？**

先生 **それ、情報過負荷が原因かもしれませんね。中小企業でも、顧客が本当に必要な情報だけを分かりやすく提供する工夫が大事です。**

近藤 **情報を減らすことも大切なんですね。具体的にはどうしたらいいでしょう？**

＊　＊　＊

現代は「情報過負荷」の時代といわれ、顧客はあふれる情報の中で、必要な内容を選ぶのが大変です。中小企業が効果的に顧客にアプローチするためには、情報を整理し、顧客が必要な情報をシンプルに提供することが求められます。ここでは、情報過負荷が顧客に与える影響と、それを解消する具体的な対策について解説します。

情報過負荷が顧客に与える影響

1. 選択の迷いと疲れ

概要 情報が多すぎると、顧客はどれを選ぶべきか迷ってしまい、疲労感を感じます。この「決定疲れ」は最終的に購買意欲を低下させる原因になります。

例 製品ページに大量の機能やオプションが並ぶと、顧客はどの選択が自分に最適か判断しづらくなり、最終的に離脱する可能性が高まります。

2. 情報の埋もれ

概要 重要なメッセージが多くの情報に埋もれてしまい、顧客に伝わりにくくなります。とくに重要なメリットや独自の特徴が目立たなくなると、競合との差別化が難しくなります。

例 独自の強みがあるにもかかわらず、長文の説明に埋もれてしまうと、顧客にその魅力が伝わりにくくなります。

情報過負荷の解消に向けた対策

1. 必要な情報を絞り込む

概要 顧客が本当に知りたい情報を中心に整理し、不要な情報を削減します。シンプルな構成にすることで、顧客が一目で理解できるようにします。

実践方法 商品やサービスのページでは、主な特徴や利点を短くまとめ、「ここがポイント!」といった強調で見やすく表示します。

2. 視覚的に分かりやすく整理する

概要 テキストばかりでなく、アイコンや写真、箇条書きを活用して視覚的にわかりやすく整理します。顧客が直感的に内容を把握できるようにすることで、読みやすさが向上します。

実践方法 主な特徴をアイコンと共に並べ、詳細情報は「続きを読む」のリンクなどにして、必要に応じて開く形式にします。

3. 顧客のニーズに基づいた情報カスタマイズ

概要 顧客のニーズや購入段階に合わせて、見せる情報を調整します。初めて訪れる顧客には概要を、購入直前の顧客には具体的な比較情報を提供するなど、ニーズに応じて情報を出し分けます。

実践方法 FAQページを作成し、よくある質問ごとに情報を整理することで、必要な情報にすぐアクセスできるようにします。

情報過負荷対策を行うメリット

1. 顧客満足度の向上

必要な情報だけを提供することで、顧客は簡単に理解でき、決断がしやすくなります。これにより、スムーズな購買体験が提供され、満足度が向上します。

2. ブランド信頼性の強化

情報がわかりやすく整理されていることで、信頼感が高まります。顧客が情報を受け取りやすいと感じると、次の購買も検討しやすくなり、長期的な関係性が築けます。

まとめ

情報過負荷の解消は、顧客に寄り添った対応として重要です。中小企業が顧客にとって必要な情報を厳選し、わかりやすく整理することで、購買意欲を促進できます。シンプルで伝わりやすい情報提供を心がけ、顧客が安心して選択できる環境を整えましょう。

近藤 **情報をただ増やすのではなく、絞り込んで見せることが大切なんですね！**

先生 **その通りです。顧客に寄り添った情報提供を心がければ、きっと成果が見えてきますよ。**

05

候補リストに入るには？考慮集合と選択集合で顧客の選択肢に残る方法

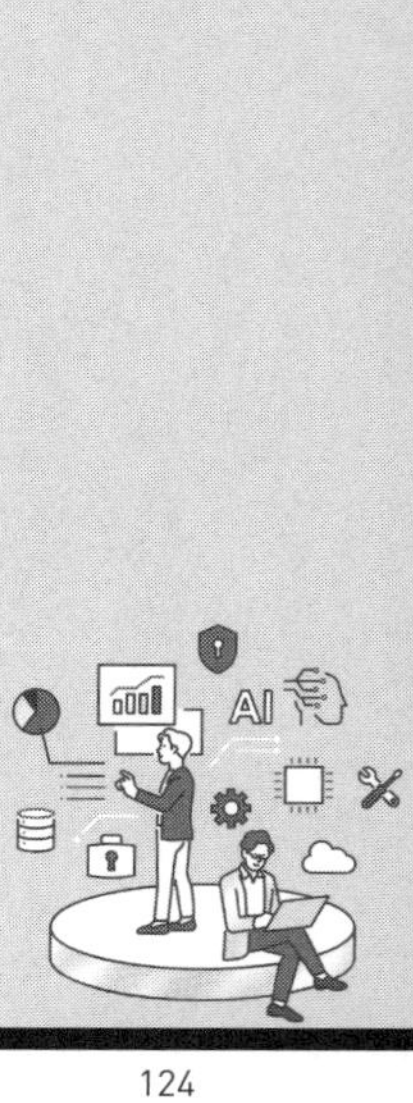

近藤 お客様に多くの選択肢がある中で、どうやって自社を選んでもらうか悩んでいるんです。

先生 それなら「考慮集合」と「選択集合」を理解するといいですよ。これを使って、顧客の候補に残る確率を上げましょう。

近藤 考慮集合と選択集合ですか？　どんなふうに役立てればいいんでしょう？

＊　＊　＊

顧客が商品やサービスを選ぶ過程では「考慮集合」と「選択集合」の2つの段階があります。考慮集合は顧客が購入候補として選んだ商品やサービス、選択集合はその中から最終的に選ぶものです。競争の激しい市場で中小企業が選ばれるには、まず顧客の考慮集合に入ることが不可欠です。ここでは、この考慮集合・選択集合を活用して顧客に選ばれるためのポイントを解説します。

考慮集合と選択集合の基本概念

1. 考慮集合

概要 顧客が「購入候補」として選ぶ商品やサービスのリスト。考慮集合に入ることが、検討のスタートラインです。

例 家具を買おうとする顧客が、情報収集し「この3社の中から選ぼう」と決めたとき、その3社が考慮集合に入ったことになります。

2. 選択集合

概要 顧客が実際に「購入候補」として残す最終リストです。考慮集合からさらに絞り込まれた、実際に購入される可能性の高い商品が選択集合に入ります。

例 顧客が3社から最終的に1社を決めて購入する場合、選ばれた1社が選択集合に入ったことになります。

考慮集合・選択集合で競争に打ち勝つためのステップ

1. 自社の強みを明確にする

概要 顧客が自社を候補に入れるには、他社にはない魅力を伝えることが必要です。自社の強みや差別化ポイントを明確にし、顧客にアピールします。

実践方法 サービスの質、価格、独自のサポート体制をわかりやすく紹介し、顧客に自社を選ぶ理由を提供します。

2. オンラインでの見つかりやすさを高める

概要 多くの顧客はインターネットで情報を収集します。考慮集合に入るためには、検索エンジン対策（SEO）や広告を使って、顧客に見つけてもらう必要があります。

実践方法 SEOやSNS、口コミサイトを活用して顧客にアプローチし、自社を考慮集合に入れてもらえるよう工夫しましょう。

3. 信頼性の確保

概要 顧客が最終的に選択集合に残すかどうかは、信頼性が大きく影響します。口コミやレビュー、信頼できるサービス体制が重要です。

実践方法 過去の顧客の声やレビューをウェブサイトで紹介し、SNSでも実績をアピールすることで、顧客の信頼を得られる環境を作ります。

考慮集合・選択集合を活用するメリット

1. 競争力の向上

顧客の選択肢に入りやすくなることで、競争が激しい市場でも顧客に選ばれる可能性が高まります。

2. ブランド認知度の向上

オンラインでの見つかりやすさが増し、顧客のブランド認知が進むことで、長期的な成長にもつながります。

まとめ

考慮集合と選択集合を理解することで、顧客が自社を選択肢に入れやすくなり、最終的に購入される確率も高まります。自社の強みを明確にし、顧客が期待する情報を提供して信頼関係を築くことが、競争に打ち勝つポイントです。

近藤 **顧客の候補に入ることが、選ばれるための第一歩なんですね！**

先生 **まず考慮集合に入る工夫をして、最終的に選ばれるための信頼性を構築しましょう！**

06 計画的？ 衝動的？ 売上アップの鍵は『計画購買と非計画購買』の理解

近藤 お客様が予定外の買い物をすることが多いようですが、どうすれば販売機会を増やせるでしょうか？

先生 それなら「計画購買」と「非計画購買」を理解するとよいですよ。この2つを押さえれば、売上を伸ばすチャンスが広がります！

近藤 なるほど、計画的な購買と衝動的な購買を意識するんですね。具体的にはどう取り組めばよいのでしょう？

＊　＊　＊

「計画購買」と「非計画購買」は、顧客の購買行動を理解する重要な視点です。計画購買は顧客が事前に購入を決めて来店するケースで、非計画購買はその場で思わず買ってしまう衝動的な購入です。両方の購買行動に対応した戦略を取り入れることで、販売機会を逃さずに増やすことが可能です。ここでは、それぞれの購買行動に対応する具体的なアプローチをご紹介します。

計画購買と非計画購買の基本

1. 計画購買

概要 顧客があらかじめ買う商品を決めて来店するケース。商品やサービスについて事前に調べ、目的を持って来店するのが特徴です。

例 冷蔵庫を買うと決めて来店し、機能や価格を調べた上で購入する顧客が計画購買にあたります。

2. 非計画購買

概要 店舗内で思わず買いたくなる商品を見かけ、その場で購入を決めるケースです。レジ横の商品や限定品がよい例です。

例 スーパーで牛乳を買いに来た顧客が、レジ前のスナックも購入するのが非計画購買です。

計画購買・非計画購買に対応する販売戦略

1. 計画購買への対応：情報提供と検索性の向上

概要 計画購買の顧客は事前に情報収集をしています。オンラインでの情報発信を強化し、商品情報をわかりやすく提供することが重要です。

実践方法 商品ページやSNSで詳細情報や口コミを公開し、SEO対策で検索されやすくします。

2. 非計画購買の促進：店舗内の工夫

概要 概要：非計画購買を促すには、視覚的な訴求が効果的です。目立つ位置に商品を配置し、ポップで興味を引くことで購入を後押しします。

実践方法 目を引くディスプレイや期間限定のセールを用意し、来店者の興味を引く工夫をしましょう。

3. クロスセルとアップセルで追加購入を促す

概要 計画購買の顧客に対して、関連商品や上位版を提案することで、非計画的な追加購入を狙えます。

実践方法 冷蔵庫を探している顧客に、省エネタイプや他の家電もおすすめすることで、売上の増加が期待できます。

計画購買・非計画購買の理解によるメリット

1. 販売機会の最大化

計画的に来店した顧客も、偶然立ち寄った顧客も両方に対応することで、幅広い購買機会を獲得できます。

2. 顧客満足度の向上

顧客のニーズに沿った商品や提案で、満足度が上がり、リピーターも増加します。

まとめ

計画購買と非計画購買の理解は、顧客の購買意欲を高め、売上アップにつながる鍵です。情報を充実させ計画購買を取り込み、魅力的な店舗演出で非計画購買を促進しましょう。

近藤 計画的なお客様と衝動的なお客様、どちらにも対応する必要があるんですね！

先生 両方を意識することで、販売機会を最大化し、安定した売上を目指しましょう！

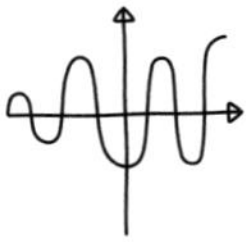

第6章

社員のやる気を引き起こす！
エンゲージメントとモチベーション向上戦略

01 せっかく手間暇かけて採用した社員が辞めないようにするにはどうしたらいいですか？

近藤 新しく入った社員に早く馴染んでもらいたいんですが、すぐに辞めてしまう人もいて困っています。どうすればよいでしょうか。

先生 まずはやる気を引き出すことが大切です。新入社員のモチベーションを高めて、職場に対するエンゲージメントを持ってもらうとよいですよ。

＊　＊　＊

新入社員が早期に離職しないためには、「ワークモチベーション（仕事に対するやる気）」と「エンゲージメント（愛着、熱意、貢献意欲）」を高めることが重要です。ここでは、その具体的な方法について説明します。

ワークモチベーションを高める方法

新入社員が自分の成長を実感できるように、目標設定を明確にし、定期的なフィードバックを行うことが効果的です。

1. 目標設定

社員のモチベーションを高めるためには、達成可能で明確な目標を設定することが大切です。具体的でやりがいのある目標があれば、社員は努力の方向性を定めやすくなります。目標はSMART（Specific：具体的、Measurable：測定可能、Achievable：達成可能、Relevant：関連性がある、Time-bound：時間制約がある）に設定し、短期目標と長期目標を組み合わせることで、達成感を持続させやすくなります。

2. フィードバック

定期的なフィードバックにより、社員は進捗を確認し、自己成長を意識できます。肯定的な点と改善点のバランスを取ることで、社員は努力が評価されていると感じ、さらなるやる気が引き出されます。

3. 仕事の意味づけ

社員が自分の仕事が組織全体にどう貢献しているかを理解することも、モチベーションを高める要素です。例えば、定期的なミーティングでビジョンや目標を共有し、社員の貢献が組織に与える影響を伝えることが有効です。

エンゲージメントを高める方法

次に、エンゲージメントを高めるためには、働きやすい環境作りが欠かせません。オープンなコミュニケーションを促進し、信頼関係を築くとともに、社員が意見を発信しやすい職場を目指しましょう。

1．透明性のあるコミュニケーション

組織内での透明性あるコミュニケーションは、エンゲージメントを高める基本です。経営層が定期的に情報を共有し、社員が意見を述べやすい環境を整えることで、社員は自分の意見が尊重されていると感じやすくなります。

2．社員の成長支援

社員がキャリア成長を実感できる支援もエンゲージメント向上に効果的です。スキルアップのための研修プログラムやメンター制度を導入することで、社員の貢献意識が高まります。

3．仕事の意味づけ

社員が自分の仕事が組織の成功にどう関与しているかを理解することは、エンゲージメント向上につながります。全社ミーティングやプロジェクトレビューで、社員の貢献が組織目標の達成に繋がっていることを共有することが有効です。

まとめ

新入社員が早期に離職しないようにするためには、ワークモチベーションと従業員エンゲージメントを高める取り組みが重要です。目標設定やフィードバックを通じて社員のやる気を引き出し、働きやすい環境を整えることで、社員の満足度や貢献意識が向上します。小さな改善から始め、継続的な取り組みで職場全体の活気を育むことが、組織の成功への道を開きます。

近藤 社員が辞めないようにするには、ワークモチベーションと従業員エンゲージメントを高めることが重要なんですね。

先生 人事部関連では田中聡先生・中原淳先生（立教大学）の「シン・人事の大研究」ダイヤモンド社もお勧めです！。

02 ワークモチベーションって何？

近藤　先生、先ほどのワークモチベーションって何のことでしょう？

先生　近藤さんはいつもやるがあって心配ないのですが、社員さんがやる気が前より出なくて困ったりしてませんか？

＊　＊　＊

ワークモチベーションとは、社員が仕事に対して持つやる気や意欲のことです。これは仕事を行う上でのエネルギー源となり、個人の目標達成や組織の成功に大きく貢献します。ワークモチベーションは、個人の成長と組織全体の生産性を促進する重要な要素です。

ワークモチベーションの構成要素

1．内発的動機付け

内発的動機付けとは、活動自体への興味や達成感から生じるやる気です。例えば、仕事の内容が自分の興味に合っていると、その仕事に没頭しやすくなります。自己実現や成長への欲求が満たされる環境では、内発的動機付けが自然と高まります。創造的な仕事や新しいスキルを学ぶ機会がある職場は、こうした動機付けを高めるのに適しています。

2. 外発的動機付け

外発的動機付けは、給与や昇進、賞与といった外部からの報酬や認識を求めて生まれるやる気です。ボーナスや昇進のチャンス、上司や同僚からの評価があることで、社員は目標に向かって努力を続けやすくなります。公正な評価制度や報酬システムが整っている職場は、社員のモチベーションを強化するために重要です。

ワークモチベーションを高める方法

1. 目標設定

社員のモチベーションを高めるためには、明確で達成可能な目標を設定することが大切です。SMARTな形で目標を設定することで、社員は自分の努力の方向性を定めやすくなります。また、短期目標と長期目標を組み合わせることで、達成感を継続的に感じられ、モチベーションも持続しやすくなります。

2. フィードバック

定期的なフィードバックは、社員が進捗を確認し、成長を意識するために欠かせません。フィードバックの際には、肯定的なコメントと改善点をバランスよく伝えることが重要です。これにより、社員は自分の努力が評価されていると感じ、さらなるやる気が引き出されます。社員の強みと改善点を把握させ、次のステップに向けた具体的な行動計画を立てやすくするために、建設的なフィードバックが求められます。

3. 仕事の意味づけ

社員が自分の仕事が組織全体にどのように貢献しているかを理解することも、モチベーションを高める上で重要です。社員が組織の目標やミッションに自分の仕事がどのように関連しているかを理解すると、仕事に対する意義を感じやすくなります。定期的なミーティングでビジョンや目標を共有し、成功事例や成果を紹介して社員の貢献が組織に与える影響を具体的に示すことで、自己効力感が高まりやる気が促進されます。

まとめ

ワークモチベーションを高めることは、社員個人の成長と組織全体の成功を促進するために不可欠です。内発的動機付けと外発的動機付けの両面からアプローチし、目標設定やフィードバックを通じて社員のやる気を引き出しましょう。さらに、仕事の意義を伝えることで、社員が自分の仕事に価値を見出し、エネルギーを持って取り組めるようになります。これらの取り組みを通じて、職場の活気が向上し、持続的な成長が実現できます。

近藤
なるほど！　ワークモチベーションが高まると、仕事がもっと楽しくなるんですね！

先生
やる気が出ると、仕事のパフォーマンスも向上しますよ！

03 従業員エンゲージメントって何？

近藤 会社での仕事を楽しんでいる社員が増えてきたようです！

先生 それは、従業員エンゲージメントが高まっている証拠かもしれませんね。

近藤 従業員エンゲージメントって何ですか？

先生 従業員エンゲージメントとは、社員が仕事に対して持つ熱意、組織に対する忠誠心、そして積極的な関与のことです。エンゲージメントが高い社員は、仕事にやりがいを感じ、組織の目標達成に貢献しようとする意欲が強いんです。

＊　＊　＊

従業員エンゲージメントは、社員が積極的に関与し、組織に対して貢献する意欲を高め、職場全体の生産性や雰囲気を向上させる要因となります。以下は、従業員エンゲージメントを構成する主な要素と、その効果について説明します。

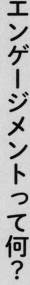

従業員エンゲージメントの構成要素

1. 熱意

熱意とは、社員が自分の仕事に対して持つ強い興味や情熱です。熱意が高い社員は、前向きでエネルギッシュに業務に取り組み、新しいプロジェクトへの積極的な参加やアイデアの提案など、自発的な行動が増えます。熱意のある社員が増えると、職場全体によい影響が広がり、仕事の質も向上します。

2. 忠誠心

社員が組織に対して持つ信頼感や帰属意識を指します。忠誠心が高い社員は、組織の価値観や目標に共感し、組織の一員であることを誇りに感じます。このような社員は長期的に働く意欲が高く、離職率の低下にもつながります。また、忠誠心が高い組織では、自然と社員同士の協力が生まれ、チームワークが強化されます。

3. 積極的な関与

積極的な関与とは、社員が組織やチームの活動に積極的に参加し、自分の意見やアイデアを発信する姿勢です。例えば、会議での発言やプロジェクトへの協力などがこれに当たります。関与が活発になると、職場の課題がより迅速に解決され、業務の進行がスムーズになります。

従業員エンゲージメントの効果

従業員エンゲージメントが高い職場では、業務の充実度や職場環境が向上し、組織の成功に直結する多くのメリットがあります。

1．業績向上

エンゲージメントが高い社員は、自分の目標と組織の目標が一致していると感じ、業績向上に貢献しやすくなります。こうした社員は改善提案を行い、効率的に業務を進めるため、組織全体の成果向上にもつながります。

2．離職率の低下

エンゲージメントが高いと、社員の組織への愛着が強まり、離職率が低下します。忠誠心が高い社員は職場の安定感を感じ、長期間働く意欲が高まります。これにより、組織は経験豊かな人材を確保し、スキルの流出を防ぐことができます。

3．職場環境の改善

エンゲージメントが高い職場では、積極的な協力や意見交換が行われるため、チームの連携がスムーズになり、職場環境が改善されます。社員同士の信頼関係が深まり、コミュニケーションが活発化することで、生産性が向上し、働きやすい職場環境が整います。

まとめ

従業員エンゲージメントの向上は、職場の生産性や職場環境の改善に大きく貢献します。エンゲージメントが高い社員が増えることで、組織は持続的な成長を遂げ、離職率も低下します。熱意、忠誠心、積極的な関与を育むことで、社員の仕事への意欲やチームワークが向上し、組織全体が活性化します。

近藤

なるほど！ 従業員エンゲージメントが高まると、仕事がもっと充実するんですね！

先生

エンゲージメントが高い社員が増えると、パフォーマンス向上や離職率の低下など、組織全体によい影響が広がりますよ。服部泰宏先生（神戸大学）の「組織行動論の考え方・使い方」参照。

04

コミュニケーションを活性化する

風通しのよい職場環境を作る

近藤：気軽に話しかけてもらったり、思ったことを言ってもらえるような、もっと風通しのよい職場にしたいんですが、どうすればコミュニケーションが活性化するんでしょうか？

先生：それは大切な課題ですね。職場のコミュニケーションが円滑になると、チームワークや生産性も向上しますよ。

＊　＊　＊

風通しのよい職場環境とは、社員が自由に意見を交わし、発言しやすい雰囲気のある職場のことです。このような環境では、コミュニケーションが活発になり、社員のエンゲージメントや生産性が向上します。

風通しのよい職場を作るためのステップ

1．定期的なフィードバックと双方向のコミュニケーション

風通しのよい職場を作るには、上司からの一方的な指示ではなく、社員との双方向のコミュ

ニケーションが重要です。具体的には、1対1ミーティングやアンケートなどで匿名の意見収集も行いましょう。

2.オープンなオフィス環境の提供

オフィスの物理的な環境もコミュニケーションに大きく影響します。壁やパーティションの少ないオープンなレイアウトを導入し、リラックスして話しやすいスペースを設けることで、社員同士の自然な会話が生まれやすくなります。

3.上下関係に縛られない自由な発言文化の醸成

社員が自由に意見を述べられる文化を育てるためには、上下関係に関係なく発言できる環境が必要です。会議では役職に関係なく意見を交換し、発言に対して感謝や称賛の言葉をかけることで、フラットなコミュニケーションを実現しましょう。

4.透明性のある情報共有

職場の風通しを良くするためには、組織内での透明性も欠かせません。社員が必要な情報にアクセスしやすく、業務の進捗や方針がオープンに共有されることで、社員が組織の一員としての責任感を高められます。定期的な全体会議や社内ＳＮＳの活用が効果的です。

5.社内イベントやチームビルディングの推進

仕事以外の場でも社員同士が交流できる機会を設けることで、職場の風通しが良くなります。

社内イベントやチームビルディング活動を通じ、社員同士の信頼関係を築き、コミュニケーションを促進しましょう。

風通しのよい職場を作るメリット

1. チームワークの向上

円滑なコミュニケーションにより、社員同士の協力関係が強化され、チームワークが高まります。互いの意見を尊重し合い、協力して目標に向かう姿勢が育まれ、業務効率が向上します。

2. イノベーションの促進

風通しのよい職場では、社員が自由にアイデアを出せるため、創造的な発想や新しい解決策が生まれやすくなります。多様な視点が活発に交わされることで、組織の競争力が高まり、社員のアイデアが実現されることで職場の活気も増します。

3. 従業員満足度とエンゲージメントの向上

意見を自由に発信でき、フィードバックが受け入れられる環境は、社員の満足度を高めます。社員が自分の意見が尊重されていると感じることで、組織への愛着やモチベーションが向上し、エンゲージメントも高まります。

まとめ

風通しのよい職場環境は、社員の満足度や生産性を高めるための大切な要素です。双方向のコミュニケーションやオープンな物理環境、自由な発言文化を推奨し、情報共有や社内イベントを活用することで、活気ある職場を実現できます。小さな取り組みから始め、継続的に改善を重ねることが、組織の成長とチームの活性化につながります。

近藤

風通しのよい職場が生産性や社員の満足度にも影響するんですね。具体的な施策を取り入れてみたいと思います。

先生

コミュニケーションが活性化されると、組織全体がより活気に満ちたものになります。ぜひ実践してみてください。

第7章

採用したい・労働環境・離職率を下げたい

01 優秀な人を採用したが何か合わない

近藤　優秀な人材を採用したんですが、どうもチームに馴染んでいない気がするんです。何か合わないというか…。

先生　それは「カルチャーフィット」の問題かもしれませんね。

＊　＊　＊

カルチャーフィットとは、社員が組織の文化や価値観にどれだけ適応し共感できるかを指します。どれだけ優秀な人材であっても、組織の文化と合わなければ能力やスキルを十分に発揮するのが難しくなることがあります。ここでは、カルチャーフィットの重要性と採用から日常のサポートにおける具体的な対策を解説します。

カルチャーフィットとは?

1. 組織と社員の価値観の一致

社員が組織の価値観やビジョンに共感することで、仕事への意欲や満足感が高まります。例えば、挑戦を重視する文化では、リスクを恐れず新しいことに挑むマインドが求められ、安定を好む人には不向きな場合もあります。

2. 職場の雰囲気やコミュニケーションスタイル

オープンでフランクなコミュニケーションを好む職場では、率直に意見を述べられる人が馴染みやすいですが、控えめで慎重なスタイルを持つ人には難しいと感じることがあります。適応できないとストレスや誤解が生じやすく、チームの協力関係に悪影響を及ぼす可能性があります。

3. 業務スタイルや働き方への適応

業務の進め方が合わない場合もカルチャーフィットの課題となります。例えば、アジャイルな手法を重視する組織で、柔軟な働き方に対応できないと生産性の低下や業務ミスの増加を招く可能性があります。

カルチャーフィットを高めるための対策

1. 採用時のカルチャーフィット確認

候補者が組織の文化や価値観に共感できるか評価することが重要です。スキルや経験の評価に加えて、「当社の理念についてどう思いますか?」といった質問で、候補者の価値観や働き方の好みを確認します。

2．オンボーディングプロセスの強化

新入社員が早く組織に馴染めるよう、ビジョンや価値観を伝える研修プログラムを導入し、メンターによる日常的なサポートでカルチャーフィットを促進します。

3．定期的なフィードバックとコミュニケーション

定期的に社員のフィードバックを収集し、カルチャーフィットに関する悩みを把握します。1on1の面談やアンケートを通じて、職場環境や業務の進め方を適時に調整することが重要です。

カルチャーフィットの重要性

カルチャーフィットは、単に社員が職場に適応するだけでなく、組織全体の一体感やパフォーマンスに大きな影響を与えます。カルチャーフィットが高い社員は、組織の目標に共感し、自身の役割に積極的に取り組むことで、チーム全体の士気が高まり、組織の成果も向上します。

一方で、カルチャーフィットが低いと社員は孤立感を感じやすく、仕事への意欲が低下することがあります。このような状態が続くと、離職のリスクが高まり、組織のパフォーマンスにも悪影響を及ぼす可能性が高くなります。

まとめ

カルチャーフィットは、組織の一体感と社員のパフォーマンスに欠かせない要素です。採用時の確認から、入社後のサポート、定期的なフィードバックまで一貫した対応が大切です。社員が組織の文化や価値観に適応しやすい環境を整えることで、組織の成功と社員の満足度が向上します。

近藤　カルチャーフィットが大切だということがよくわかりました。採用時からしっかりと確認することが必要なんですね。

先生　池田浩先生（九州大学）とUnipos社が「企業カルチャー白書2024」を公開しています。現状を確認する参考資料としてお勧めです！

02 適切な残業時間は？

近藤 残業時間が社員の健康に影響するって聞いたんですが、どれくらいが適切なんでしょうか？

先生 それは大事な質問ですね。社員の健康と生産性を保つために適切な残業時間を考えることは非常に重要です。

＊　＊　＊

残業時間は、社員の健康やパフォーマンスに影響を与えます。過度な残業は心身の健康を損ない、長期的には生産性の低下や離職の原因になりかねません。しかし、適度な残業は柔軟な対応を可能にし、プロジェクト成功に貢献することもあります。ここでは、適切な残業時間とその管理方法について解説します。

適切な残業時間とは？

1．月20時間未満が理想

専門家によると、残業時間は月20時間未満が理想です。この範囲ならばワークライフバランスが保たれやすく、健康リスクも最小限に抑えられます。必要時の業務対応を柔軟に行いながら、無理のない労働時間を確保できるので、長期的な健康維持にもつながります。

2. 月40時間を上限とする

職種によっては月40時間の残業が認められる場合もありますが、休憩や健康管理が不可欠です。この範囲を超えると社員の疲労が増し、業務効率も下がりやすくなるため、月40時間を超えない管理が望ましいです。

3. 繁忙期の対応

プロジェクトの締め切りなど繁忙期には残業が増えることがありますが、事前に社員へ説明し、繁忙期後には十分な休息機会を提供します。これにより短期的な集中労働の後も健康が保てるよう配慮します。

残業時間を管理するためのポイント

1. 業務の見直しと効率化

業務プロセスの効率化は残業削減に直結します。無駄な作業や重複を減らし、スリムな業務体制を構築することで、残業の必要性を減らします。定期的なプロセスレビューで改善点を見つけ、新しいツール導入なども検討します。

2. 柔軟な働き方の導入

フレックスタイムやリモートワークなど、柔軟な働き方を取り入れることで、社員が自分のペースで働けるようにします。労働時間を調整しやすくすることで、繁忙期の負担も軽減し、過度な残業を防ぎます。

3. 健康管理とフィードバック

長時間の残業が続く社員に対しては、定期的な健康チェックや面談を行い、過労の兆候を早期に発見します。また、社員の声を収集し、労働環境改善の参考にします。健康管理の専門家を活用し、社員の健康状態を把握しつつ、職場改善を進めます。

適切な残業管理がもたらす効果

1. 社員の健康維持

残業時間を適切に管理することで社員の健康が守られます。健康であることは、社員が高いパフォーマンスを発揮するための基本であり、長期的な業績向上に寄与します。

2. 生産性の向上

残業が適切に管理されると社員は集中して業務に取り組めるため、生産性が向上します。また、業務効率も改善され、仕事の質が高まります。

3. 離職率の低減

健康的な労働環境は社員の満足度を高め、離職率の低下につながります。これにより優秀な人材を長期間にわたって確保できるため、組織の安定にも貢献します。

まとめ

残業時間を適切に管理することは、社員の健康と生産性によい影響を与え、組織の長期的な成功にもつながります。20時間未満を目安にしつつ、繁忙期には配慮した柔軟な対応が求められます。業務の効率化や柔軟な働き方を導入し、社員が健康で働ける環境を整えましょう。

近藤　**なるほど、残業時間を適切に管理することが社員の健康や生産性にもよい影響を与えるんですね。**

先生　**適切な残業管理を行い、社員が長く健康で働ける環境を作りましょう。**

03 残業時間は離職率に影響するのか？

近藤 社員の離職率がじわじわ上がってきているんですよ。業績は悪くないんですが、どこかで何かがずれているような気がして…。

先生 確かに、業績が順調でも、離職が増えていると不安ですね。いくつか要因が考えられますが、近藤さんの会社では残業時間の管理はどうされていますか？

近藤 残業ですか？ 確かに繁忙期は増えることもありますが、それが離職に関係あるのでしょうか？

＊　＊　＊

残業時間は、社員のワークライフバランス、健康、そして職場満足度に大きな影響を与え、離職率を左右する重要な要素です。まるでドミノ倒しのように、過度な残業は、様々な問題を引き起こし、最終的に社員の離職へとつながる可能性があります。

残業時間が離職率に与える影響

1. ワークライフバランスの崩壊

長時間労働は、まるでシーソーのバランスが崩れるように、社員の生活に歪みを生じさせます。仕事に時間が取られすぎると、家族や友人との時間、趣味や休息の時間が削られ、心身のバランスが崩れてしまいます。睡眠不足やストレスから、集中力や判断力が低下し、仕事のミスや事故にもつながりかねません。

2. 健康への悪影響

過度な残業は、まるで体に鞭を打つように、心身に負担をかけ、健康を損なうリスクを高めます。疲労やストレスが蓄積することで、免疫力が低下し、様々な病気にかかりやすくなることも。また、精神的なストレスから、うつ病などのメンタルヘルスの問題を抱える可能性も高まります。

3. 職場満足度の低下

残業が常態化すると、社員は「自分の時間や努力が尊重されていない」「仕事ばかりでプライベートが犠牲になっている」と感じ、会社への不満や不信感を抱くようになります。

残業時間管理の重要性と対策

企業は、社員の健康と幸福を守るために、残業時間を適切に管理する責任があります。

1．定期的な労働時間のモニタリング

社員の残業時間を定期的にチェックし、過度な労働がないか確認することが重要です。異常な残業時間が見られる場合、速やかに対策を講じる必要があります。例えば、残業が増えている社員には上司が定期的に面談を行い、業務負担を軽減するための措置を検討することで、社員の健康を守ります。

2．柔軟な働き方の導入

フレックスタイム制やリモートワークなど、社員一人ひとりの状況に合わせて、柔軟な働き方を導入することで、残業時間を削減できるだけでなく、仕事とプライベートの両立を支援することができます。出産や育児、介護など、様々なライフイベントに対応できる柔軟な働き方を整備することで、社員の定着率向上にもつながります。

3．業務の効率化

業務プロセスを見直し、無駄な作業を減らすことで、残業時間を削減することができます。ＩＴツールを導入したり、仕事の進め方を見直すことで、効率化を図りましょう。また、会議

の時間を短縮したり、資料作成の負担を減らすなど、小さな工夫を積み重ねることも大切です。

まとめ

残業時間と離職率の関係は密接であり、適切な残業管理は社員の健康と職場満足度に重要な役割を果たします。モニタリング、柔軟な働き方の導入、業務効率化といった対策を通じて、社員が長く健康に働ける環境を整えましょう。

近藤 残業時間をしっかり管理すれば、社員の健康や職場の雰囲気にもよい影響を与えられるんですね。

先生 適切な残業管理は、組織全体のパフォーマンス向上にもつながりますよ。

04 再現性をもって自社で活躍してもらえる人を採用したい

近藤　うちの会社でしっかり活躍してくれる人を採用したいんですが、どうすればいいでしょうか？

先生　それは「再現性」を重視した採用プロセスを考えることが大切ですね。

近藤　再現性って、どういうことなんでしょうか？

先生　再現性とは、特定の条件下で同じ結果を得る能力のことです。採用においても、過去の経験やスキルが新しい環境でも再現できるかを見極めることが重要です。ここでは、再現性のある人材を見つけるためのポイントについて解説します。

＊　＊　＊

再現性を重視した採用の重要性

1. 過去の成功体験の分析

候補者のこれまでの成功体験を深掘りし、その成果が特定のスキルや行動に基づいているかを見極めることで、再現性の有無を判断します。例えば、面接で候補者にプロジェクトの成功体験について質問し、そのアプローチが今後の業務でも役立つかを確認します。

2. 適応力の評価

再現性のあるパフォーマンスには、変化や困難に柔軟に対応できる力が不可欠です。過去の問題解決経験を尋ねることで、候補者が異なる環境でも成果を出せるかを判断します。これにより、環境の変化に対する候補者の適応力も評価できます。

3. カルチャーフィットの確認

カルチャーフィットも、再現性を持って活躍できるかどうかに影響します。自社の文化や価値観を候補者と共有し、共感や適応の度合いを観察することで、候補者が組織に馴染みやすいかを確認します。職場見学や社員との交流もフィット感を確かめるのに有効です。

再現性のある人材を見極める採用プロセス

1. 行動面接の実施

行動面接では過去の行動から今後の対応を予測します。「これまでの困難な状況での対応」を質問し、その対応が再現性のあるパフォーマンスにつながるかを評価します。こうした具体的な質問により、候補者の行動パターンを引き出しやすくなります。

2. ケーススタディやシミュレーション

候補者が実際の業務でどのようにパフォーマンスを発揮するかを評価するために、ケーススタディやシミュレーションを取り入れます。実際の業務課題に対する候補者の思考プロセスを観察することで、再現性のあるパフォーマンスを期待できるかを判断します。

3. 継続的なフィードバックとサポート体制

採用後も再現性を保つためには、定期的なフィードバックとサポートが必要です。定期的にパフォーマンスレビューを行い、必要に応じてトレーニングやメンタリングを提供し、長期的に高い成果を出せるよう支援します。

まとめ

再現性のある人材を採用することで、組織のパフォーマンスが安定し、持続的な成長が期待できます。こうした人材は新たな環境でも迅速に適応し成果を上げやすいため、チームの一体感や協力関係が強化され、社員満足度の向上にもつながります。また、再現性を持つ人材は組織文化にもスムーズに適応し、離職率の低減と競争力の向上にも寄与します。

近藤 再現性を重視した採用が大切だということがわかりました。採用プロセスを見直してみようと思います。

先生 また、服部泰宏先生（神戸大学）の『採用学』（新潮選書）も参考になります！

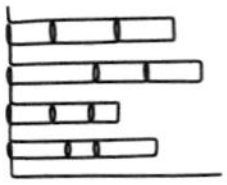

第8章

データで人事を変革
データドリブン人事戦略入門

01 社員のエンゲージメントを高めるためにどのようなデータをためるべきか？

近藤 社員のエンゲージメント（愛着、熱意、貢献意欲）を高めたいのですが、何から始めればよいのでしょうか。

先生 まずは、どんなデータをためるかを考えることが大事ですよ。

近藤 でも、どんなデータをためればよいのでしょう？

＊　＊　＊

社員のエンゲージメントを高めるには、データに基づいたアプローチが不可欠です。適切なデータを収集・分析することで、エンゲージメント向上に向けた具体的な施策が見えてきます。

ためるべきデータ

1．従業員満足度調査データ

内容 社員が職場にどれだけ満足しているかを測定するアンケートデータ。

活用方法 不満点を特定し、働きやすい環境を整備することでエンゲージメントを向上させます。

2. パフォーマンスデータ

内容　社員の業績や目標達成度に関するデータ。

活用方法　エンゲージメントと業績の関係性を分析し、とくに高パフォーマンスを支える要因を強化します。

3. 離職率および退職理由データ

内容　離職率や退職理由に関するデータ。

活用方法　離職の主な原因を特定し、その対策を講じることで、離職率の低減とエンゲージメントの向上が可能です。とくに退職理由は職場の課題を明確にする重要な指標です。

4. フィードバックデータ

内容　上司や同僚からのフィードバック。

活用方法　定期的なフィードバックを通じ、社員が成長を実感し、貢献意識を持てるようにします。フィードバックの質や頻度を分析し、エンゲージメントを高める効果的なコミュニケーション方法を探ります。

5. 従業員エンゲージメントスコア

内容　エンゲージメントを測定するためのアンケート結果や定量データ。

活用方法 全体的なエンゲージメントの状況を把握し、低スコアの部門や個人には特別な施策を講じます。定期的にスコアを測定することで、施策の効果を評価し、持続的な改善が可能になります。

6．キャリア開発データ

内容 社員のキャリア志向や研修・スキルアップに関するデータ。

活用方法 社員のキャリア志向に応じた研修やキャリアパスを提供し、エンゲージメントを高めます。キャリア開発の機会があることで、社員のモチベーションと組織への貢献意識が向上します。

データ活用のポイント

1．定期的な分析と更新

データを定期的に分析し、トレンドやパターンを把握することで、タイムリーな対応が可能となります。例えば、従業員満足度の変化や離職率の推移をチェックすることで、問題が深刻化する前に対策を講じることができます。

2．従業員へのフィードバック

データに基づいた施策を実施した際には、その結果を社員にフィードバックし、透明性を確保します。これにより、社員の信頼が高まり、施策への参加意識が向上します。

3. カスタマイズされたアプローチ

部門や個人ごとにデータをカスタマイズして分析し施策を実施することで、エンゲージメント向上の効果を最大化できます。個別のニーズに応じたアプローチが重要です。

まとめ

社員のエンゲージメントを高めるには、データ収集と分析が欠かせません。従業員満足度やパフォーマンス、離職率などのデータを活用し、社員が働きやすくやりがいを感じられる環境を整えることで、エンゲージメントの向上が図れます。データに基づいた施策を講じ、継続的な改善を行うことで、社員のモチベーションが高まり、組織全体の生産性が向上します。

近藤　なるほど、データをしっかり集めて分析することで具体的な対策が見えてくるんですね！

先生　他には、リクルートワークス研究所の「Ｗｏｒｋｓ」、パーソル総研の「ＨＩＴＯ」は事例も豊富で人事・組織系で大変有益です。しかも無料です！

02

従業員満足度調査データの収集頻度は？

近藤 従業員満足度を上げたいんだけど、調査ってどのくらいの頻度でやるべきでしょう。

先生 それ、結構大事なポイントですね。

近藤 でも、頻繁すぎても良くないし、少なすぎても意味ないですよね。

先生 頻度も大事ですが、パルスサーベイとの併用もおすすめです。

＊　＊　＊

従業員満足度調査は、適切な頻度で行うことで社員の声を反映しやすくなり、職場環境の改善に役立ちます。しかし、頻度が多すぎると負担や反感を生む可能性もあるため、バランスが必要です。近年では、定期的な調査に加えてリアルタイムで社員の意見を収集する「パルスサーベイ」が注目されています。以下に、調査頻度ごとのメリットとパルスサーベイの効果について解説します。

データ収集の適切な頻度

1. 四半期ごと（3カ月に一度）

メリット 四半期ごとの調査は、社員の意見を比較的タイムリーに把握でき、迅速な対応が可能です。とくに変化の多い職場やプロジェクトが多い職場に適しています。

注意点 調査頻度が高い分、社員にとって負担となる可能性があるため、調査内容を簡潔にして負担を抑えることが重要です。

2. 半年ごと（6カ月に一度）

メリット 半年ごとの調査は、社員に負担をかけずに職場のトレンドや問題点を把握するのに適しています。長期的な変化や傾向を観察することができ、施策の効果を評価するのに有効です。

注意点 課題が見つかっても、次の調査までに時間がかかるため、対応が遅れるリスクがあります。必要に応じて、特別な調査を行う柔軟さが求められます。

3. 年次（12カ月に一度）

メリット 年次調査は、長期的な視点から職場の全体像を把握するのに適しており、社員にとって負担が少ないため、結果に基づいて大規模な組織改善を計画できます。

注意点：調査間隔が長いため、社員の声が反映されるまでに時間がかかり、タイムリーな問題には対応が難しい点があります。

パルスサーベイの導入

パルスサーベイは、頻繁に簡単な質問を行い、社員のリアルタイムな意見を収集する調査方法です。数問の短いアンケートを通して継続的なフィードバックを得ることが目的です。

メリット

- **リアルタイムのフィードバック**：社員の意見や気持ちをリアルタイムで把握でき、迅速に問題に対応することが可能です。エンゲージメントを維持しやすく、職場の満足度が向上します。
- **低負担**：短く簡潔な質問が中心のため、回答の負担が少なく、頻繁に実施しても社員の負担が少なくて済みます。

注意点

- **短期的視点の偏重**：頻繁に収集するため、短期的な問題にフォーカスしがちで、長期的なトレンドや根本的な課題が見逃される可能性もあります。
- **調査疲れ**：頻繁な調査で社員に「調査疲れ」が生じるリスクがあります。これを防ぐためには、結果を社員にフィードバックし、改善施策が反映されていることを示すことが重要です。

まとめ

従業員満足度を高めるには、適切な頻度でのデータ収集が欠かせません。四半期や半年、年次の調査に加えて、リアルタイムの意見を得るパルスサーベイを組み合わせることで、タイムリーに問題を把握し、迅速な対策が可能になります。データに基づいた改善施策を実施し、結果を社員にフィードバックすることで、社員の信頼とエンゲージメントが向上します。

近藤：なるほど、適切な頻度でデータを集めることでより実効性のある対策ができるんですね！

先生：社員の声をタイムリーに反映させ、職場環境をさらによくしていきましょう。

03

人事で蓄積すべきデータの優先順位を教えてください

近藤 採用からエンゲージメント、カルチャーフィット、離職防止まで、全体を通して重要なデータを集めたいんですが、どのデータを優先すべきでしょうか？

先生 それは非常に重要な質問ですね。それぞれのステージで優先して収集すべきデータが異なりますので、順を追って説明しましょう。

＊　＊　＊

採用から離職防止に至るまでのプロセスでは、収集すべきデータが多岐にわたります。限られたリソースで効率的にデータを活用するには、データの優先順位を明確にすることが重要です。

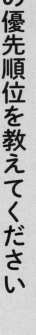

1. 採用プロセスにおけるデータ

最優先 **候補者の適性評価データ**

候補者のスキルや経験、適性を測るデータは採用において最も重要です。履歴書や面接の内容、適性テストの結果が含まれ、候補者が組織に合ったパフォーマンスを発揮できるかを判断する基礎となります。採用後の研修設計にも役立ちます。

次点 **カルチャーフィット評価データ**

候補者の価値観や働き方が組織文化に合うかを把握することも重要です。カルチャーフィットが高い人材を採用することで、長期的な定着と離職防止が期待できます。

2. エンゲージメントにおけるデータ

最優先 **エンゲージメントスコア**

エンゲージメントを測るアンケートやサーベイデータは、組織全体の士気やパフォーマンスを把握するのに不可欠です。定期的にスコアを分析し、組織の問題点や改善点を特定し、必要なフォローアップを行います。

次点 **フィードバックデータ**

社員の声を反映するフィードバックデータは、エンゲージメント向上の鍵です。不満や改善要望を把握することで、組織の制度や働き方を見直し、エンゲージメントを強化します。

3. カルチャーフィットにおけるデータ

最優先 **カルチャーフィットの測定結果**

採用時に得たカルチャーフィットの評価をもとに、入社後の適応度をモニタリングします。カルチャーに適応しにくい社員には、研修やメンタリングを提供してサポートします。

次点 **職場のコミュニケーションデータ**

社内のコミュニケーションや関係性に関するデータもカルチャーフィットに影響を与えます。コミュニケーション環境を改善し、組織内のオープンな雰囲気を醸成するための参考にします。

4. 離職防止におけるデータ

最優先 **離職率および退職理由データ**

離職の原因を理解するためには、離職率や退職理由のデータが重要です。離職トレンドを分析し、問題点を見つけることで、改善策を講じます。

次点 **キャリア開発データ**

社員のキャリア志向や成長目標に関するデータも、離職防止に役立ちます。キャリアの進展が感じられないと離職につながりやすいため、キャリアパスの見直しや成長機会を提供します。

データの統合と総合的なアプローチ

これらのデータは個別に活用するだけでなく、統合的に分析することでさらに強力なツールとなります。例えば、採用時のカルチャーフィット評価、エンゲージメントスコア、離職率を組み合わせて分析することで、長期的な定着に向いている社員の特性を特定できます。

まとめ

採用から離職防止までの各ステージでのデータ活用は、組織の健全な成長と社員満足度の向上に直結します。候補者の適性やカルチャーフィット、エンゲージメントの測定、離職防止に必要なデータを効率的に収集・分析し、統合的な視点でのデータ活用を心がけることが重要です。

近藤：データの優先順位がわかると、どこに力を入れるべきかが明確になりますね。

先生：戦略的にデータを活用し、組織と社員が共に成長できる環境を整えましょう。

04

データドリブン人事

データを活用した戦略的人材マネジメント

近藤 最近、「データドリブン人事」ってよく聞くんですが、どうやってデータを活用すれば人材マネジメントに効果があるんでしょうか？

先生 それは重要なテーマですね。データを活用することで、より戦略的で効率的な人材マネジメントが可能になりますよ。

＊　＊　＊

データドリブン人事とは、直感や経験に頼らず、客観的なデータをもとに意思決定を行うアプローチです。採用、育成、配置、評価、離職防止といった人事プロセス全体にデータを活用することで、より精度の高い判断が可能になります。ここでは、データドリブン人事の重要性とその実践方法について解説します。

データドリブン人事のメリット

1．客観的な意思決定

データに基づく意思決定は、直感や経験に頼る判断よりも客観的で公平です。とくに採用や評価の場面では、バイアスを排除し、透明性の高いプロセスが実現します。これにより、適材適所の配置が可能となり、組織全体の生産性が向上します。

2. パフォーマンスの向上

各社員の強みや課題をデータから把握し、個別に対応することで、社員一人ひとりの成長を支援し、組織全体のパフォーマンスが向上します。社員の成長実感がモチベーションを高め、エンゲージメントの強化にもつながります。

3. 離職リスクの予測

データ分析により、離職リスクのある社員を早期に発見し、適切なフォローアップが可能です。例えば、出勤状況やパフォーマンスの変化からリスクサインを読み取り、早期介入で社員の定着率を高めます。

データを活用した人材マネジメントの具体的な方法

1. 採用プロセスの改善

履歴書、適性検査、面接データを分析し、成功する可能性の高い候補者を見極めます。過去のデータをもとに、優秀な社員の特性を分析して類似する候補者を優先することで、より質の高い採用が可能です。

2. パフォーマンス評価

ＫＰＩや目標達成度などの定量データを活用し、公平で透明な評価が可能です。これにより、感覚的な評価を排し、社員の目標達成度を定期的にデータで把握し、フィードバックを提供します。

3. 離職リスクの予測と対策

出勤状況、業務進捗、フィードバックデータを分析し、離職リスクの高い社員を特定します。特定したリスク社員には、フォローアップやキャリア開発の提案を行い、離職を防止します。

データドリブン人事の導入による効果

1. 効率的な人材マネジメント

データ活用により採用や評価が効率化され、迅速かつ正確な意思決定が可能になります。これにより、業務負担が軽減され、人材の最適配置が実現します。

2. 組織全体の生産性向上

データに基づく評価と育成を通じて、社員が自分の強みを発揮しやすい環境を整え、組織全体の生産性を向上させます。

3. 離職率の低下

離職リスクを早期に予測し、迅速に対応することで、優秀な人材の流出を防ぐことができます。データに基づいた対策が、組織の安定に寄与します。

まとめ

データドリブン人事の活用は、人材マネジメントを効率化し、戦略的な組織運営を支援します。客観的なデータでの意思決定により、社員の成長を促進し、離職防止や生産性向上にもつながります。まずは小さなステップから始め、データ活用の重要性を認識しながら、組織全体でのデータドリブン人事を進めましょう。

近藤　データを活用すれば、人事の判断がより正確で効率的になるんですね。すぐに取り入れたいです。

先生　その通りです。データドリブン人事は組織の成功に欠かせない要素です。

第9章

人的資本経営の未来 テクノロジーと人材戦略

01

多様な人材を活用する

ダイバーシティ&インクルージョン推進の重要性

近藤 ダイバーシティ&インクルージョンが話題になっていますが、私たちの会社でもそれを推進すべきなんでしょうか?

先生 ダイバーシティ&インクルージョン（D&I）は、今や組織の成功に欠かせない要素です。多様な人材を活用することで、組織全体に多くのメリットをもたらすことができますよ。

近藤 でも、具体的にどう進めればいいのか、まだピンとこなくて…。

＊　＊　＊

ダイバーシティ&インクルージョン（D&I）とは?

ダイバーシティ（多様性）

年齢、性別、国籍など、さまざまなバックグラウンドを持つ人々が集まることです。多様な視点が集まることで、問題解決がよりクリエイティブで包括的になり、イノベーションが生まれやすくなります。

インクルージョン（包摂）

インクルージョンは、多様な人材が尊重され、平等に参加し、意見を表明できる環境を指します。インクルーシブな環境が整うと、社員の満足度やエンゲージメントが高まり、離職率の低下や生産性の向上につながります。

ダイバーシティ&インクルージョンを推進するメリット

1．イノベーションの促進

多様な背景を持つ社員がいる組織は、異なる視点やアイデアを組み合わせやすく、新しい商品やサービスの開発において競争優位を確立できます。ブレインストーミングの場を設けることで、創造性を引き出し、今までにないソリューションを生み出します。

2．市場の多様なニーズに対応

多様な人材がいることで、異なる消費者層や市場のニーズを的確に理解し、より幅広い顧客層に対応する商品やサービスを提供できるようになります。各地域や文化のニーズに応じたマーケティング戦略も立てやすく、グローバル市場での競争力が高まります。

3．社員のエンゲージメントとパフォーマンス向上

多様な意見が尊重される職場は、社員の満足度とエンゲージメントを高め、個々がアイデン

ティティや能力を発揮しやすくなります。透明な評価体制や意見を自由に表現できる場を提供することで、全体的なパフォーマンスが向上します。

4. 優秀な人材の採用と定着

D＆Iを推進する企業は、さまざまなバックグラウンドの優秀な人材を惹きつけることができます。さらに、インクルーシブな環境で働けると感じる社員は、長期的に組織に貢献しやすく、離職率も低くなります。

D&Iを推進するための具体的なステップ

1. 経営層のコミットメント

D＆Iを推進するには、経営層が率先して支持し、全社員に対して方針を周知することが大切です。経営層が積極的に取り組みをサポートすることで、実行力が増します。

2. 社内の多様性データの収集と分析

自社の多様性現状を把握するため、社員の年齢、性別、国籍といったデータを収集・分析し、どの分野で改善が必要かを明確にします。

3. インクルーシブな文化の醸成

全社員が意見を表明できる職場文化を育むことが必要です。定期的にD＆I研修を実施したり、ダイバーシティ委員会を設立して社員の意見を施策に反映させるとよいでしょう。

まとめ

D&Iの推進により、組織の競争力が向上し、柔軟でクリエイティブな問題解決が可能になります。多様性が尊重される職場は、社員の満足度とモチベーションを高め、生産性向上や離職率の低減に寄与します。さらに、社会的評価の向上も期待でき、企業としての信頼が強まります。

近藤
D&Iの推進が、こんなに多くのメリットをもたらすんですね。すぐに取り組みたいと思います。

先生
D&Iは短期的な利益だけでなく、長期的な組織の成功にもつながります。多様性の重要性に関しては、マシュー・サイド氏の『多様性の科学』（ディスカヴァー・トゥエンティワン2021）はとてもおススメです！

02

社員の成長を支援する

効果的な研修制度とキャリアパスの設計

近藤 社員の成長を支援したいと思っているんですが、効果的な研修制度やキャリアパスの設計には何が必要なんでしょうか？

先生 それはとても大切な視点ですね。研修制度とキャリアパスをうまく設計すれば、社員の成長を促進し、組織全体のパフォーマンスも向上します。

近藤 どうすれば、その制度を効果的に設計できるんでしょうか？

＊　＊　＊

効果的な研修制度の設計

1. 個別ニーズに対応した研修プログラム

すべての社員が同じスキルや知識を必要とするわけではありません。個々の役割や目標に応じた研修を提供することで、社員は自分にとって価値のあるスキルを効率的に習得できます。

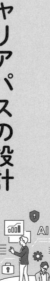

2. オンデマンド学習と継続的なスキルアップ

柔軟な学習が求められる現代では、必要な時に学べるオンデマンド学習の導入が効果的です。社員が自分のペースでスキルを習得できる環境を整えましょう。

3. 現場での学びと実践の融合

研修の効果を最大化するためには、学んだスキルをすぐに実践できる場が重要です。現場でのプロジェクトやメンター制度を通じて、学習内容を現実の仕事に活かせる環境を提供します。

4. 定期的なフィードバックと評価制度

研修後の成果を定期的に評価し、フィードバックを提供することで、社員は自分の成長を確認できます。これにより、さらなる成長の道筋も明確になります。

効果的なキャリアパスの設計

1. 明確で透明性のあるキャリアパス

社員がキャリアの目標に向かって進めるよう、組織内でのキャリアパスを明確に提示することが重要です。どのスキルや経験が次のポジションに必要かを具体的に示し、社員が安心してキャリアを積み重ねられる環境を提供します。

2. 縦と横のキャリアパスの提供

キャリアは昇進だけでなく、異動やスキルチェンジの機会も含みます。部署間異動や新しい分野への研修など、多様な経験の機会を提供することで、社員は幅広いスキルを習得できます。

3. キャリアマイルストーンの設定

キャリアの進捗を確認できるように、具体的な目標やマイルストーンを設定しましょう。これにより、社員は自分がどの段階にいるかを把握し、次の目標への意欲が高まります。

4. リーダーシップ開発プログラム

次世代のリーダーを育成するためには、特別なリーダーシップ研修が効果的です。リーダー候補に実際のチームやプロジェクトを任せ、リーダーシップスキルを実践的に磨く場を提供します。

まとめ

効果的な研修制度とキャリアパスを設計することで、社員の成長とモチベーションが高まり、組織全体のパフォーマンスが向上します。また、明確なキャリアパスを提供することで、社員のエンゲージメントが高まり、離職率の低減にもつながります。こうした仕組みは組織の競争力強化や次世代リーダーの育成にも寄与します。

近藤

研修制度とキャリアパスの設計が社員の成長やモチベーションにこれほど大きな影響を与えるんですね。

先生

しっかりとした設計を行うことで、社員は長期的に組織に貢献し、組織全体のパフォーマンスが向上します。ぜひ、これを機に研修制度とキャリアパスを見直してみてください。金井壽宏先生（神戸大学）の『リーダーシップ入門』（日本経済新聞出版、2005）もおススメです。

03

人的資本経営の未来

テクノロジーと変革

近藤 「人的資本経営」が話題ですが、テクノロジーがどのように人的資本経営に影響を与えるのでしょうか？

先生 テクノロジーは今後の人的資本経営を大きく変革する要素ですね。特にデータ活用がポイントです。

近藤 具体的にどんな変化が起こるのでしょう？

＊　＊　＊

人的資本経営は、社員を「資本」として捉え、その価値を最大限に引き出す経営手法です。AIやビッグデータ、クラウドコンピューティングといったテクノロジーの進化により、人的資本経営はさらに効率的で戦略的に進化しつつあります。ここでは、テクノロジーがどのように人的資本経営に影響を与え、変革をもたらしているのかについて詳しく解説します。

テクノロジーによる人的資本経営の変革

1. データドリブンな意思決定

概要 AIやビッグデータを活用して社員のパフォーマンスやエンゲージメントをリアルタイムで把握することで、データに基づいた戦略的な意思決定が可能になります。

影響 適切な人材配置や育成が効率化し、組織全体のパフォーマンス向上が期待されます。

2. 自動化されたスキルマッチングとキャリア開発

概要 テクノロジーにより、社員のスキルを自動で分析し、最適なキャリアパスや研修プログラムを提案できるようになります。

影響 社員は自分に合ったキャリアやスキルを効率的に身につけられ、モチベーションとパフォーマンスが向上します。

3. リモートワークと多様な働き方の促進

概要 クラウドコンピューティングやリモートワークツールの普及により、時間や場所に縛られない働き方が可能になりました。

影響 柔軟な働き方が実現され、社員のワークライフバランスが向上することで、組織へのエンゲージメントが強化されます。

テクノロジーを活用するメリット

1．迅速な意思決定

テクノロジーを活用することで、人的資本に関するデータをリアルタイムに取得し、迅速かつ正確な意思決定が可能になります。リソースの最適化が進み、業務効率が大幅に向上します。

2．社員エンゲージメントの向上

パルスサーベイなどを活用して社員の満足度や意見を収集し、データに基づいた改善策を講じることでエンゲージメントが向上します。これにより、離職率の低下や組織全体の士気向上が期待できます。

3．パフォーマンスの最大化

テクノロジーにより、社員一人ひとりのパフォーマンスを最大限に引き出すための施策がとりやすくなり、組織全体の生産性向上が見込まれます。

未来に向けた課題と対策

1．データプライバシーとセキュリティ

テクノロジーの活用が進む一方で、個人情報の保護やセキュリティ対策が欠かせません。適

切なデータ保護対策を整え、社員の信頼を得ることが重要です。

2. テクノロジー導入に伴う教育

新しいテクノロジーを導入する際には、社員がそのツールを使いこなせるように研修やトレーニングを実施する必要があります。これにより、効果的にテクノロジーを活用できる体制が整います。

まとめ

テクノロジーを活用した人的資本経営は、データに基づく効率的な意思決定やスキル開発の促進、柔軟な働き方の推進に大きく貢献します。未来に向けて、テクノロジーをうまく取り入れ、組織の成長と社員のエンゲージメント向上を目指しましょう。

近藤 テクノロジーの活用が人的資本経営にこれほど役立つなんて驚きました。今すぐ取り入れたいですね。

先生 保田隆明・佐々木聡 編「企業価値に連動する人的資本経営戦略」中央経済社 2024も参考になると思います！

04 テクノロジーで社員の幸せを！ウェルビーイング経営のススメ

近藤　ウェルビーイング経営が注目されていると聞きますが、うちのような中小企業にも必要なんでしょうか？

先生　もちろんです。社員の健康や幸福度を大切にすることは、企業の成長にもつながりますよ。テクノロジーを活用すれば、効率的にウェルビーイング経営が進められます。

近藤　それは興味深いですね。具体的にはどうやってテクノロジーを活用すればいいのでしょうか？

＊　＊　＊

社員の「ウェルビーイング（Well-being）」を高めることは、企業の生産性や社員のモチベーション、そして定着率にも大きく影響します。ウェルビーイング経営とは、社員の心身の健康や仕事の充実感を重視し、彼らのパフォーマンスを最大限に引き出す経営手法です。テクノロジーを活用することで、より効率的に社員のウェルビーイングを支援し、ポジティブな職場環境を構築することができます。ここでは、ウェルビーイング経営におけるテクノロジー活用の方法と、そのメリットについて解説します。

テクノロジーを活用したウェルビーイング向上の方法

1. 健康データの可視化とモニタリング

概要 ウェアラブルデバイスや健康アプリを使うことで、社員の健康状態をリアルタイムでモニタリングし、データに基づいた健康支援が可能になります。

例 スマートウォッチで歩数や睡眠時間、ストレスレベルを計測し、健康状態の把握を促進。必要に応じて健康指導やリラックス施策を提案できます。

2. リモートワークの導入とサポート

概要 クラウドツールやオンライン会議システムを活用することで、社員が柔軟に働ける環境を提供します。仕事と家庭のバランスを取りやすくし、ストレスを軽減できます。

例 リモートワークの導入により、通勤時間の削減や家庭の事情に合わせた働き方が実現し、社員のワークライフバランスが向上します。

3. パルスサーベイでの社員の声の収集

概要 定期的にパルスサーベイ（短いアンケート）を実施することで、社員の満足度や職場に対する意見を収集し、素早く対応できます。

例 パルスサーベイで職場の改善点を定期的に収集し、社員が感じているストレスや不満に迅速に対処することで、職場の雰囲気を改善します。

4．メンタルヘルス支援ツールの導入

概要 メンタルヘルスをサポートするアプリやオンラインカウンセリングを導入し、社員の心理的なサポート体制を整えます。

例 ストレス管理や心のケアを支援するアプリを活用することで、社員のメンタルヘルスをサポート。カウンセリングサービスも提供し、社員が安心して働ける環境を作ります。

テクノロジー活用のメリット

1．社員の健康状態の改善とモチベーション向上

テクノロジーを通じて健康支援を行うことで、社員の心身の健康が向上し、日々の業務へのモチベーションも高まります。

2．離職率の低減と人材の定着

ウェルビーイングを重視する企業文化は、社員に安心感と満足感をもたらし、定着率が上がります。優秀な人材の流出も防げます。

3. 生産性の向上

健康で満足度の高い社員は、生産性も高くなります。ウェルビーイング経営が業務効率や成果向上につながり、企業全体の競争力も強化されます。

まとめ

ウェルビーイング経営は、テクノロジーを活用することでより効率的に実現でき、中小企業にも取り入れやすくなります。社員の健康や幸福度を高める取り組みは、企業の成長に直結します。小さなステップから始め、社員の声に耳を傾け、テクノロジーを活かしてポジティブな職場環境を作っていきましょう。

近藤 テクノロジーで社員の健康をサポートできるなら、取り入れる価値がありますね。

先生 Unipos、Weboxなどパルスサーベイのサービスは多数あります。サービスの機能と自社の組織課題とを総合的に判断してから導入しましょう！

あとがき

私たちココエのミッションは「変わらないを変える」

そして、その先にあるのは、どんな企業もＤＸによって新しい事業価値を創造できる世界です。本書がその実現に向けて、皆様の手助けとなり、新たなステージへの扉を開く一助となることを願っています。

この言葉を最初に掲げたとき、正直、私たちが目指す未来はまだぼんやりとしたものでした。それが確かな道筋となり、多くの先生達、仲間や顧客とともに粘り強く前進していく中で、本書が生まれて来ました。

デジタルトランスフォーメーション（ＤＸ）は、もはや一部の大企業だけのものではなく、中小企業を含むすべての企業にとって未来を切り拓く重要な要素となっています。

私自身、創業前は日本の大企業の変革を支援する中で、「変わりたいけれど変われない」という課題を目の当たりにしてきました。データや技術のポテンシャルが目の前にあるにもかかわらず、それを十分に生かしきれない。その現実の中で、私はITやデータの力で大企業の課題を解決するコンサルタントとして長年手腕を発揮してきました。

そして、「経営にデータという武器を」を掲げるからこそ、コンサルタントではなく、「女武器商人」と呼ばれるのですが、それは、具体的かつ実践的な解決策を提供する姿勢の表れだと考えています。だからこそ、本書では、どんな企業でも第一歩を踏み出し、小さな成功を積み重ねられるよう具体的な手法や事例をふんだんに盛り込みました。

重要なのは、完璧を求めるのではなく、目の前にあるリソースやデータを使って行動を始めることです。その小さな一歩が、やがて企業全体の変革の波となり、新しい事業価値を生み出す原動力となります。

最後に、この本を手に取ってくださった皆様に、心から感謝申し上げます。あなたのその一歩が、企業を、そして日本全体を輝かしい未来へと導く力になることを信じています。

株式会社ココエ
代表取締役　近藤恵子

付録

Chat GPTの重要な活用ポイント

Chat GPT活用術

オンライン会議の文字起こしとメールから提案資料のたたき台を作る

ChatGPTの重要な活用ポイント

ChatGPTを効果的に使うためには、いくつかのポイントを押さえておくことが大切です。以下では、よりよい結果を得るための方法や対話の進め方について具体的に解説します。

1．機密情報の取り扱いについて

データ非保存モードを有効化することで、クライアントとのやり取り内容が保存されず、モデルのトレーニングや改善に使用されることを防ぎます。この設定により、やり取り後にデータが破棄されるため、機密性の高い情報を安全に取り扱うことができます。

設定方法

1．設定メニューを開く

ChatGPT画面右下の⚙「設定（Settings）」アイコンをクリックします。

2．「データコントロール」セクションに移動

設定メニューから「データコントロール」または「プライバシー設定」のタブを選択します。

3．「すべての人のためにモデルを改善する」をオフにする

項目：「すべての人のためにモデルを改善する」というオプションを探します。
操作：スイッチを「オフ」に切り替えます（灰色になります）。

4. 変更を適用

設定変更後、「実行する」または「保存」ボタンをクリックして設定を確定します。

2. 修正を恐れない

途中で修正が必要な場合も、具体的な指示を出すことで簡単に調整できます。曖昧な指示ではなく、どの部分をどう変更してほしいかを明確に伝えることが重要です。

プロンプト例

- ●このスライド案を、クライアントの初心者目線に合わせて言い換えてください。
- ●この提案書のトーンを、プロフェッショナルで親しみやすいものにしてください。

ＣｈａｔＧＰＴは柔軟に対応できるため、修正のやり取りを繰り返すことで、満足度の高い結果に仕上がります。

3. ＣｈａｔＧＰＴに「疑問点があれば質問してください」と伝える

ＣｈａｔＧＰＴに対して「疑問点があれば質問してください」とプロンプトに書くことで、ＣｈａｔＧＰ

Tの出力がより正確で明確なものになります。

例えば、ChatGPTが意図を正確に理解できていない場合、質問を返してくれることで誤解を防ぎ、結果として効率的なやり取りが可能になります。

プロンプト例

- 疑問点があれば私に質問してください。そうすることで、よりよい内容を一緒に作り上げられます。
- あなたが理解しづらい点があれば、必ず質問してください。

このアプローチを採用することで、ChatGPTは「一方的に答える存在」ではなく、「双方向で理解を深めるパートナー」として機能します。

4．文字数を指定する

ChatGPTは指定された文字数に合わせて出力することができます。文書の長さを具体的に指示することで、内容を要約したり、逆に詳しく説明したりする調整が可能です。

プロンプト例

- 500文字以内でこのテーマについて説明してください。
- 1000文字程度で詳細なレポートを作成してください。

●この文章を200文字に要約してください。

文字数をコントロールすることで、用途に応じた内容を効率よく作成できます。

5．これまでのディスカッションを思い出す

ChatGPTは、同じ対話内でこれまでのやり取りを記憶しているため、過去のディスカッションをもとに作業を進めることができます。進行中のプロジェクトではこれを活用すると効率的です。

プロンプト例

●これまで話し合った内容をもとに、新しい提案をしてください。
●過去のスライド案をもとに、改良案を作成してください。
●以前の回答を簡単にまとめてください。

過去の内容を活かすことで、作業がスムーズに進むだけでなく、一貫性のある成果物を作成できます。

6．トーンとスタイルを調整する

ChatGPTは、用途やターゲットに応じて文章のトーンやスタイルを柔軟に調整できます。これは、ビジネス資料やカジュアルなメール作成に非常に役立ちます。

プロンプト例

●この文章をよりフォーマルなトーンにしてください。
●カジュアルで親しみやすい表現に変更してください。
●マーケティング資料向けのプロフェッショナルな文章にしてください。

ターゲットに合ったスタイルでコンテンツを作成することで、メッセージの効果を最大化できます。

最後に：対話を重ねることが成功への近道！

ＣｈａｔＧＰＴは「完璧な結果を一度で出す魔法のツール」ではありません。しかし、対話を重ねることであなたのニーズに合わせて進化する柔軟なパートナーです。以下のポイントを押さえて、より望ましい結果を得られるようにしましょう：

○必要に応じて修正や調整を依頼する。
○疑問点があれば積極的に質問する。
○ＣｈａｔＧＰＴに「疑問があれば質問してください」と促す。
○指定された文字数や形式に合わせて出力を調整する。
○これまでのディスカッションを思い出させて一貫性を保つ。
○チームで活用し、多様な視点を取り入れる。

最初の出力が思い通りでなくても、焦る必要はありません。質問や指示を繰り返すことで、内容がどんどん良くなります。ＣｈａｔＧＰＴとの「やり取りそのもの」がプロジェクトを成功に導く最大の鍵です。

さぁ、ＣｈａｔＧＰＴを使って、初心者でも簡単にプロレベルの成果物を作り上げましょう！　焦らずじっくり、何度でも相談して、最高の結果を目指してください！

ChatGPT活用術：
オンライン会議の文字起こしとメールから提案資料のたたき台を作る

ここでは、初心者でも簡単にChatGPTを使ってプロ並みの提案資料を作る方法を具体的なプロンプト例とともにご紹介します。提案資料のテーマは「デジタルマーケティング初心者のECサイト運営会社向け提案資料」。情報収集から資料作成まで、ChatGPTをフル活用して効率よく進めましょう！

ステップ1：ヒアリング内容（録音データ）をまとめる

クライアントとの打ち合わせ録画から文字起こししたテキストをワードファイルにしておきます。

録音データ例

クライアントA：最近、ECサイトの運営を始めたんですが、広告って本当に効果があるのか正直不安で…。なんとなくSNSは投稿してるんですけど、フォロワーが増えないし、売上もあまり変わらなくて。

コンサルタント（自社）：なるほど、現在はSNS中心で集客されているんですね。どのくらいの頻度で投稿されていますか？

クライアントA：週に1～2回くらいです。ただ、何を投稿したらいいのか分からなくて、あまり反応もなく…。
コンサルタント（自社）：他にどのような施策を試したことがありますか？
クライアントA：とくには…。アクセス数の分析とかもやったことがないので、何から始めたらいいか分からないんです。
（以下省略）

ChatGPTプロンプト例

－添付したクライアントのヒアリングのテキストから、クライアントの課題と要望を箇条書きで整理してください。

ChatGPT出力例

【ヒアリング要点】
－課題：SNS運用をしているが、フォロワーが増えず、売上に結びついていない。
－課題：広告効果に対する不安があり、導入に踏み切れていない。
－課題：アクセス数や顧客データの分析をしたことがなく、効果的な施策が分からない。
－要望：初心者向けの具体的な運用アドバイスやサポートを希望。

ステップ2：メール履歴の詳細例

メール履歴例

以下はクライアントからの問い合わせメールを再現した内容です。

件名：集客施策についてご相談

お世話になっております。〇〇株式会社の△△です。

現在、ECサイトを運営しておりますが、集客やリピーター獲得について課題を感じています。広告運用についても以前から興味はあるのですが、どのように始めたら良いか分からず、具体的な施策をご提案いただけますと幸いです。

また、SNSの運用は自社で行っていますが、反応があまり良くなく、改善方法があればご教示ください。

貴社のサービスを通じて、これらの課題を解決できるかどうか一度お話を伺いたいです。

よろしくお願いいたします。

ChatGPTプロンプト例

－以下のメール内容をもとに、クライアントの課題と期待する成果を整理してください。
（メールの内容をコピー＆ペーストで貼り付けます。）

ChatGPT出力例

【メール要点】
－課題：ECサイトへの集客が不足しており、リピーター獲得も課題。
－課題：広告運用の未経験により、具体的な進め方が分からない。
－課題：SNS運用の効果が低く、改善方法を模索中。
－期待：具体的な施策提案と課題解決のサポート。

ステップ3：クライアントのWebサイトの強みと改善点を抽出

プロンプトを記述するボックスの地球儀マークを推してChatGPT search機能を利用しましょう。URLを指定してクライアントのWebサイトを分析します。

ChatGPTプロンプト例

－以下のWebサイトの内容を分析し、強みと改善点をリスト化してください。
－https://www.xxxxxxxxxxxxxxxxxxxxxxxxxxx.co.jp/ec/

ChatGPT出力例

強み

1. 日米マーケティングの専門性

○日米両国のマーケティング知識を活用し、多様な商材を流通させている点が強みです。

2. 法人情報の透明性

○法人番号や所在地などの基本情報が公開されており、信頼性の確保に寄与しています。

改善点

1. ウェブサイトの情報量

○現状では提供されている情報が限られており、訪問者が詳細な事業内容やサービスを理解しにくい可能性があります。

2. コンテンツの充実

○事例紹介や顧客の声などのコンテンツを追加することで、訪問者に具体的なイメージを提供できます。

3. ユーザビリティの向上

○ナビゲーションの改善や視覚的なデザインの工夫により、ユーザーエクスペリエンスを高めることができます。

ステップ4：過去の提案資料からの事例

ChatGPTプロンプト例

ー添付したパワーポイントから「顧客課題に対するサービス内容」を事例としてまとめてください。

ChatGPT出力例

課題：SNS運用が非効率でフォロワーが増えない

提供できるサービス

1. SNS運用コンサルティング

○競合他社の投稿分析。

○ターゲット層に合った投稿内容の企画。

○投稿頻度とタイミングの最適化アドバイス。

2. SNS広告キャンペーン

○リードジェネレーション広告の設定。

○少額から始めるキャンペーンの試験運用。

課題：広告運用の未経験と不安

提供できるサービス

1．広告運用のスターターパッケージ

○初心者向けのＧｏｏｇｌｅ広告設定支援。

○キーワード調査とターゲティング戦略の提案。

○月額〇万円からの少額運用プラン。

2．広告効果の分析サポート

○簡易的なダッシュボード提供。

○広告効果の定期レポート。

課題：リピーターが少ない

提供できるサービス

1．メルマガ活用支援

○顧客属性に基づいたパーソナライズメルマガの作成。

○送信スケジュールの最適化。

2．ロイヤルティプログラム設計

○ポイント制度の導入支援。

○リピート購入を促すキャンペーン設計。

課題：Webサイトのモバイル対応が不十分
提供できるサービス
1. モバイルサイト最適化
○ページ読み込み速度の改善。
○モバイルUI／UX診断と改善提案。
2. コンバージョン率向上施策
○ユーザーテストをもとにした改善案。
○商品レビュー表示の強化。

ステップ5：提案資料のたたき台を作る

スライドの構成を具体化し、ChatGPTに直接スライド案を作らせましょう。

1. 表紙

ChatGPTプロンプト例

－これまで学習した内容を踏まえて提案資料を作成してください。

－資料の構成を始めに示したうえで、具体的かつ詳細に記述してください。

－デジタルマーケティング初心者のクライアントに対して丁寧に分かりやすくお願いします。

－pptx形式でダウンロード用のファイルを最後に生成してください。

ChatGPT出力例

提案資料構成

1. 表紙

2. はじめに

○本資料の目的

○提案の全体像

3. 現状分析

○クライアントの現状と課題

○ウェブサイト分析の結果

4. 提案概要

○短期的な施策

○中長期的な施策

5. モール販売強化施策

○商品ページの改善

○レビュー獲得戦略

○広告キャンペーン

6. 自社ECサイト構築のロードマップ

○プラットフォーム選定
○初期設計とSEO
○定期購入モデル
7. 広告運用と顧客獲得戦略
○CPA削減のアプローチ
○リマーケティング戦略
8. 期待される成果
○売上、顧客満足度、ブランド力の向上
9. 次のステップ
○スケジュール
○今後のサポート内容
10. おわりに

提案資料詳細

1. 表紙
- タイトル：「株式会社〇〇〇〇デジタルマーケティング提案資料」
- サブタイトル：「モール販売強化と自社ECサイト構築のための具体施策」
- 日付、作成者、会社ロゴなど

2．はじめに

目的

本資料は、株式会社提案資料構成

1．表紙

2．はじめに

○本資料の目的

○提案の全体像

3．現状分析

○クライアントの現状と課題

○ウェブサイト分析の結果

4．提案概要

○短期的な施策

○中長期的な施策

5．モール販売強化施策

○商品ページの改善

○レビュー獲得戦略

○広告キャンペーン

6. 自社ECサイト構築のロードマップ
○プラットフォーム選定
○初期設計とSEO
○定期購入モデル
7. 広告運用と顧客獲得戦略
○CPA削減のアプローチ
○リマーケティング戦略
8. 期待される成果
○売上、顧客満足度、ブランド力の向上
9. 次のステップ
○スケジュール
○今後のサポート内容
10. おわりに

提案資料詳細
1. 表紙
●タイトル：「株式会社〇〇〇〇デジタルマーケティング提案資料」
●サブタイトル：「モール販売強化と自社ECサイト構築のための具体施策」

●日付、作成者、会社ロゴなど

---

2. はじめに
目的
本資料は、株式会社〇〇〇〇様の現在の課題を解決し、デジタルマーケティングの基礎を理解していただくとともに、売上拡大と顧客基盤の強化を支援する提案を行うものです。
提案の全体像
●モール販売の売上拡大
●自社ECサイト構築の支援
●効率的な広告運用

---

3. 現状分析
クライアントの現状と課題
●米国製スキンケア商品の販売。
●売上目標未達（短期目標：月300万円／ブランド）。
●自社EC化へのステップが不明確。
ウェブサイト分析結果
●強み：法人情報の透明性、高い専門性。

●改善点：

○コンテンツ量が不足し、事業内容が分かりにくい。

○SEOが弱いため、検索エンジン流入が限定的。

---

4. 提案概要

短期的な施策

1. モール販売強化（商品ページの改善、広告キャンペーン）。
2. 試用サンプル戦略による新規顧客獲得。

中長期的な施策

1. 自社ECサイト構築（STORES、楽天、Amazonを活用）。
2. 定期購入モデルの導入。
3. 広告運用最適化とリマーケティング戦略。

---

5. モール販売強化施策

商品ページの改善

●SEOキーワードの追加。

●高品質な商品写真を掲載。

●簡潔で魅力的な説明文を記載。

レビュー獲得戦略

●購入者へのフォローアップメール。

●レビュー投稿者への特典提供（割引クーポンなど）。

広告キャンペーン

●季節限定セール。

●ECサイトでの割引広告。

6．自社ECサイト構築のロードマップ

プラットフォーム選定

●STORES、楽天、Amazonの比較（利便性と費用面での優位性）。

初期設計とSEO

●ユーザーが迷わないシンプルなデザイン。

●検索エンジンに強いサイト設計。

定期購入モデル

●顧客のライフスタイルに合わせたサブスクリプションプラン。

7．広告運用と顧客獲得戦略

CPA削減のアプローチ

●広告費を抑えつつ効果的なターゲティング。
●試用サンプル広告の実施。
リマーケティング戦略
●商品を閲覧した顧客に対する再アプローチ。
●SNS広告との組み合わせ。

8. 期待される成果
●売上：モールでの月間売上300万円達成。
●顧客基盤：リピート購入率の向上。
●ブランド力：信頼性の高いECサイトの構築。

9. 次のステップ
1. 具体施策の開始（例：商品ページ改善、広告出稿）。
2. 定期的な進捗報告と効果測定。
3. 自社ECサイト構築の準備。

付録

10．おわりに
●今回の提案をもとに、〇〇〇〇様の成長を全面的に支援いたします。
●次回の打ち合わせで、詳細なスケジュールと役割分担をご確認ください。

このように、ヒアリング時の文字起こしテキスト、メールのやり取り、クライアントのＷｅｂサイトに加えて、自社の過去の提案資料を元にして新たな提案資料のたたき台を作成することができます。便利な世の中になりましたね！

読者特典

本書を最後まで読んでいただきまして、
誠にありがとうございます。
以下のQRコードにアクセスしてください。

⬇

https://www.cocoe.co.jp/data-management/

1. **無料相談会（1回）**
2. **DXリテラシー基礎講座　無料視聴**
3. **DX推進動画事例　無料視聴**

なお、特典は予告なく終了することがあります。

［著者略歴］

近藤恵子（こんどう・けいこ）

株式会社ココエ 代表取締役社長
東京農工大学農学部応用生物科学科卒。ベネッセコーポレーションで出産・育児支援サービスの成長に貢献。その後、アタッカーズ・ビジネススクールを経て、2016年に株式会社ココエを創業。日本企業がデータサイエンスを経営に活用できていない課題に挑み、産学連携を活かして大企業を中心にDX戦略の立案・実行を支援している。「経営に、データという武器を。」をミッションに掲げ、これまでに多くの企業の課題解決を成功に導く。その独自の手法と実績から「女武器商人」とも呼ばれる。

崎濱栄治（さきはま・えいじ）

博士（経営学）／明治大学理工学部特任講師
AIを活用した企業財務・非財務情報開示の研究者。株式会社AGプラス代表取締役、株式会社ココエ産学連携アドバイザー。横浜国立大学経営学部卒業。一橋大学大学院修士課程修了（MBA）、横浜国立大学大学院博士課程修了。みずほ第一FTで投資助言業務、Amundi Japanにて2,000億円以上のクオンツアクティブファンドを運用するファンドマネージャーを経験。その後、インターネット広告ベンチャーでデータサイエンスチームを統括し、現職。主な論文に、「人工知能（AI）による統合報告書の自動審査」（『証券アナリストジャーナル』, Vol.63, No.1, 2025年）がある。

データ経《けい》営《えい》大《たい》全《ぜん》
——中小《ちゅうしょう》企《き》業《ぎょう》経営《けいえい》の切《き》り札《ふだ》

2025年 3月 1日　初版発行

著　者　　近藤恵子／崎濱栄治

発行者　　小早川幸一郎

発　行　　株式会社クロスメディア・パブリッシング
〒151-0051 東京都渋谷区千駄ヶ谷4-20-3 東栄神宮外苑ビル
https://www.cm-publishing.co.jp
◎本の内容に関するお問い合わせ先：TEL（03）5413-3140／FAX（03）5413-3141

発　売　　株式会社インプレス
〒101-0051 東京都千代田区神田神保町一丁目105番地
◎乱丁本・落丁本などのお問い合わせ先：FAX（03）6837-5023
service@impress.co.jp
※古書店で購入されたものについてはお取り替えできません

印刷・製本　　株式会社シナノ

　ISBN978-4-295-41068-3　C2034